高敏感者愛自己的19個練習

HSP專業醫師
長沼睦雄 著
李彥樺 譯

序言

與生俱來的玻璃心，也要好好愛自己

因父母親發現額頭長了青春痘而大受打擊；因好友有了喜歡的異性而覺得受傷；因崇拜的明星發布結婚喜訊而感到晴天霹靂……。

在進入青春期後，身體會以驚人的速度成長，但心智卻往往還停留在孩童階段。這種身心不均衡的狀態容易導致精神不穩定，因此心靈便容易受到傷害。

然而這種情形到了二、三十歲後，身心不均衡的問題大致上會消失，精神也將變得穩定。加上經濟方面的獨立，累積了人生經驗，應該不會再為小事輕易動搖。

可是有些人即使已經成年，心智卻仍舊停留在青春期的狀態，不，甚至變得更容易受傷。這樣的人生實在好痛苦、好難受……最近在我的醫院裡，時常聽到這樣的悲嘆。

被主管指出小缺失，便覺得自己是個無能的人而徹夜難眠；喜歡某個明星，卻被朋友說「咦？你品味眞差。」也能讓自己鬱鬱寡歡好幾天⋯⋯。

有些人則是經常感到不安，甚至會因爲音樂或香水味而頭痛欲裂。這些敏感的問題也會對人際關係造成陰影，導致心靈更加脆弱，覺得每天活得好痛苦。

你是不是也是如此，在成年後依然容易感到受傷？如果是的話，或許你正在責備自己：爲什麼這麼膽小？爲什麼這麼容易疑神疑鬼？爲什麼沒辦法努力克服困境？爲什麼這麼沒用？

然而，在這個世界上，有些人就是天生比其他人更加敏感。這類人被稱爲HSP（Highly Sensitive Person，高敏感族），無論是處於何種社會，據說每五個人之中，就有一人是HSP。

倘若你也是HSP，你應該明白這並不是個性或疾病的問題，不需要爲此感到自責。

你的感官能力非常敏銳，擁有極強的第六感，而且具有藝術天分；但另一方面，你容易感到不安及恐懼，容易變得悲觀，容易感到疲倦。如果你符合上述這些特質，那麼你有可能是HSP。

此外，容易對他人的情緒強烈地感同身受，也幾乎可說是ＨＳＰ的「代名詞」。如果你會因看電影而情緒激動地嚎啕大哭，那麼ＨＳＰ的可能性就愈發增加。

假設你是ＨＳＰ，這意味著當五個人聚在一起時，你得忍受四個遲鈍的人。這不僅會造成精神上的疲倦，有時遲鈍的人的一句無心之語，還會深深刺傷你的心。

我身爲一名精神科醫師，臨床工作已近二十五年。

在看過無數的神經發展障礙症（neurodevelopmental disorders）及ＨＳＰ的例子後，我發覺有些人天生有著與眾不同的感受性，而且有些與生俱來的人格特質是隱藏在障礙或疾病的背後。

受到ＳＮＳ（社群網站或軟體）及ＬＩＮＥ的普及化所影響，如今人們不見得一定要見到面才能說話。對腦部的眞實刺激逐漸減少，體驗到的世界也缺乏連貫性，這或許也是ＨＳＰ增多的原因之一。

此外，如今的社會趨向小家庭化，在小家庭環境中有虐待、照顧不足、過度保護、過度干涉等問題，才導致過於依賴父母親，無法清楚表達自己的意見，或是在尚未建立完整自我意識的情況下長大成人。

整體而言，與生俱來的神經過敏原本就會讓人變得較為脆弱，如果又生活在容易受到傷害的現代社會裡，日子想必會過得相當痛苦。天生具有HSP特質的人，想要詛咒自己的心情我也十分理解，但也請別忘了，HSP雖然有著易受傷、生活困難等問題，卻也具備了十分美好的優點。

大部分的HSP雖然苦惱於感官太過敏感，但感官敏感卻也帶來豐富的感受性、敏銳的直覺、犀利的靈感、源源不絕的創造力，以及多采多姿的精神世界。這些都是從事繪畫、音樂、雕塑等藝術活動所不可或缺的才華，不管是在職場或一般社會中，這些也是在各種領域上獲得成就的重要資質。一個擁有高度同理心的人，更是維繫人際關係及療癒心靈的重要能量來源。

然而，想要徹底發揮HSP的美好資質及特性，就必須學會一些「生活技巧」，幫助自己克服強烈不安、容易疲累、容易受傷等HSP的缺點。只要能夠做到這點，就可以確實減少受傷的機率。就算受了傷，傷口也會較淺，生活也會輕鬆許多，能活得更加悠閒、愜意。

第一步，是理解自己是HSP，並且學習相關知識。第二步，則是實踐本書介紹的「練習」，試著正視、接納、不過度在意自己的負面特質，並且學會巧妙地處理過於敏感的問題。

本書將運用腦科學、心理學、精神分析等各領域的最新知識，針對上述的各種問題進行深入淺出的解釋，並且介紹各種讓人想要立即嘗試的練習或簡單的打坐技巧。

如果本書能讓你減少受傷的機會，並且更加理解自己，那將是筆者最大的欣慰。

目錄

第2章 什麼是HSP（高敏感）？

為何容易受傷？為何感覺活得很痛苦？

第3章　保護自己的日常練習

第4章　難以承受痛苦時的緊急措施

第一章
你可能是HSP（高敏感族）

你或許也有HSP的特質

神經質、膽小、臉皮薄、內向、消極……你是否從小常聽父母、老師或朋友這麼形容你？

你可能忍受不了電風扇的聲音，或是覺得某道菜裡有化學調味料的味道而不想吃。這時周圍的人可能會皺起眉頭說：「你眞神經質。」或是突然聽到有人喊你的名字，你就嚇得跳了起來，讓身旁的人好氣又好笑地說：「太膽小了吧？」

在第一次見面的人面前，你可能會害羞、不敢抬起頭，或是說話結巴，結果被貼上「臉皮薄、內向、消極」之類的標籤。

如果你也有類似的經驗，而且常因這些事情而心靈受傷，覺得活著很痛苦，那麼你有可能就是HSP。

每五人中，就有一人具有高敏感特質

HSP是Highly Sensitive Person的縮寫，直譯就是「過於敏感的人」，中文多譯爲「高敏感族」。

這是美國心理學家伊蓮．艾融在其著作《高敏感族自在心法：你並不孤獨，只是與眾不同》中提倡的概念。

艾融博士自己也有著過於敏感、纖細的煩惱與痛苦，她一面檢視自身，一面蒐集龐大實例並加以分析，最後推導出了HSP這個概念。

根據其研究，在所有社會中，HSP都占了全人口的15～20％（本書爲了方便說明，統一視爲20％，也就是每五人會有一人）。此外，該研究亦強調HSP的特質往往是天生的，與環境無關。

這本率先提出HSP概念的著作不僅在美國，在全世界亦成爲暢銷書籍，獲得熱烈迴響，許多人都抱持著相同煩惱。

自己爲什麼這麼容易受傷？生命爲什麼如此痛苦？相信有很多人長期找不出答案，所以只能責怪自己太懦弱或不夠努力，而且時間可能長達十年、甚至二十年。對這些人而言，光是得到HSP這個理由及問題歸屬，便已是一種極大的救贖。

這些人終於能夠告訴自己，HSP是一種遺傳的先天性特質，不必爲此感到自責。不管是神經質、膽小、臉皮薄、內向還是消極，都不是因爲自己太懦弱或努力不夠，也不是因爲自己抗壓性太差。

光是這個「發現」，就足以讓許多人放下肩上的部分重擔，體會到了輕盈的解放感。

HSP的敏感特徵包含「四項特質」

艾融博士在其後的研究中，又發表了HSP必定具有的四項特質。以下在介紹這四項特質時，會以視覺訊息處理（大腦處理來自眼睛的訊息）的機制作爲例子加以說明：

①訊息處理方式細膩且深入

視網膜所獲得的視覺刺激，必須經由腦部處理之後，人類才能得知自己看到了什麼。一般人的腦部在處理視覺訊息時，只會使用三種視覺細胞，HSP卻會使用四種，因此可以得到比一般人更細膩、更深邃的顏色質感。

②容易接收過度的刺激

即使待在相同的場所，與非HSP相比，進入HSP眼中的訊息種類跟數量都比較多，加上大腦經常會根據記憶進行影像重現，因此必須處理的資訊量是一般人無法比較的。

③感情反應及同理心極強

HSP能輕易地從表情及動作觀察出對方的情緒，並且理解一些沒有以言語解釋的潛意識訊息。因此跟非HSP相比，對他人產生同理心的能力較強。

④對微小的刺激也會產生反應

HSP的視覺機能就像是裝上了高性能的望遠鏡頭，能夠分辨出遠方物體（或某物體的一小部分）的微妙變化，並且會產生強烈反應。

具有HSP特質的人大多仁慈、心地善良。畢竟一個擁有高度同理心的人，通常不會是壞人。而且這種人的大腦隨時都忙於處理細膩且深入的龐大訊息，因此不管是時間上或精神上，ＨＳＰ都沒有餘力想鬼點子算計他人。
此外，由於ＨＳＰ容易受負面刺激，因此內心容易變得不安、悲觀，想法也往往會變得消極。

經驗談１：ＨＳＰ為什麼會受傷？

艾融博士認為，ＨＳＰ的「敏感」與非ＨＳＰ的「敏感」完全是兩回事。若以圖面呈現，ＨＳＰ與非ＨＳＰ的狀態就像是兩座有重疊、卻截然不同的山形。
先不論這樣的形容是否恰當，但可以肯定的是，每五人之中只有一人是ＨＳＰ，這意味著ＨＳＰ在社會上是少數派，而事實上，這也是ＨＳＰ活得很痛苦的主因之一。
說穿了，就是ＨＳＰ擁有與一般人完全不同等級的敏感程度，卻必須生活在一群遲鈍的人之中。
艾融博士如此形容ＨＳＰ的感受：「在他們的眼裡，這社會上充斥著遲鈍。」

與會注意到每一個細節，對各種刺激都會產生反應的ＨＳＰ相較，一般人實在太遲鈍，對細節的關注力及洞察力實在太差，但也因此能活得較輕鬆，受傷的機會也較少。

以下我們來看看兩個ＨＳＰ的實際案例，藉此了解ＨＳＰ爲何容易受傷，以及爲何感到生活困難重重。

我不僅膽小、愛操心，而且對氣味及「變化」都太敏感

小泉史香小姐（化名）二十九歲．上班族

大約四、五歲的時候，有一次我在電影院裡嚎啕大哭，父母無奈地將我帶出電影院外。我依稀記得那是迪士尼的動物卡通電影，現在回頭看一定會覺得很可愛，但小時候的我怕得不得了。

這樣膽小的性格至今也沒有改變。有時我走在辦公室的走廊上，光是聽到腳步聲就會嚇一跳，如果腳步聲越來越近，再加上一聲「小泉小姐」，我一定會嚇得整個人跳起來。有些同事因為覺得我的反應很有趣，還會先偷偷接近我，然後才輕拍我的肩膀。

我還有另外一種膽小，那就是擔心工作沒有辦法在期限內完成，因此常常加班。不過也多虧了這個緣故，我的工作從來不曾遲交……。

如果與人約好了要見面，為了不讓對方等我，我一定會提早出門。但前幾天我搭電車赴約時，電車竟然誤點了，我發了一封簡訊向朋友解釋，朋友卻只回了我一句「了解」。

為什麼朋友只回了兩個字？難道是生氣了？我越想，一顆心越是七上八下。

我明知道朋友不會為了這種小事生氣，電車誤點也不是我的錯，但我就是無法說服自己不去在意。

不知道該說我太杞人憂天，還是太愛操心？因為這樣，每次我回到家後總是精疲力盡。精神上的疲憊，讓我越來越討厭自己這種吃虧的性格。

我時常想不透，不明白為何大家沒有察覺？

譬如女同事口紅的顏色雖然沒變，但改變了塗口紅的方式，範圍超出了上嘴唇一點點，只有對化妝完全沒興趣的我發現了；另外還有一次，我發現距離我的座位很遠的某張桌子上擺著一盆仙人掌，但坐在那張桌子旁邊的同事竟然一直沒有發現。

上司如果心情不好，通常也是我先發現。整間辦公室大概總是我第一個先提心吊膽，害怕上司隨時可能會發飆。

我對氣味的敏感程度也比別人強得多。譬如坐在我對面的女同事，她身上有一股微微的獨特體味，所以我沒辦法跟她一起吃午餐，但其他同事時常跟她一起用餐，所以大概只有我對那個味道很在意。我討厭自己的神經質，更討厭因為神經質而遭到疏遠，這會讓我覺得自己很窩囊。

強烈的不安感，是HSP的典型症狀。小泉小姐童年時害怕迪士尼電影裡的卡通動物，長大後擔心工作沒辦法在期限內完成。而且她心地善良、具道德意識，會爲了趕在期限內完成工作而盡一切努力。

她能第一個發現上司心情不佳，代表她有察覺細微刺激的能力（④）；能夠揣測別人的心情，代表同理心很強（③）；對氣味異常敏感，是因爲容易受到過度刺激（②）。而這一切的特質，都是因爲處理訊息能力高於常人的緣故（①）。

即使沒見過面，在喪禮上還是會哭個不停

高橋由紀小姐（化名）三十五歲．插畫家

我家的狗常常「眺望遠方」，我總覺得牠是在感傷與親人離異，被迫動了避孕手術，而且活得毫無目標……明明我自己也沒有什麼目標可言，卻常

常覺得狗好可憐，忍不住就眼眶含淚。

就像這樣，我經常與對方（不論是人或動物）的心情異常地感同身受。

有一次，我參加了朋友父親的喪禮，明明跟對方的父親從來沒見過面，眼淚卻流個不停。喪禮會場很大，我連那朋友在哪裡也看不到，卻彷彿感受得到朋友心中的悲傷。而且我一想到每個人都難逃一死，更是忍不住悲從中來，跟我一起參加喪禮的其他三個朋友，都以錯愕的眼神看著我。

若有憂鬱的人在身邊，我自己也會變得憂鬱；若有不耐煩的人在身邊，自己也會心浮氣躁。或許是因為我體內的能量不足的關係，別人所散發出的「氣」會進入我的身體，對我造成影響。

報紙推銷員或傳教人員來按門鈴時，我一想到他們必須在這麼冷的天氣裡一家家登門拜訪，就忍不住基於同情而聆聽他們說話。下場是我多訂了一份報紙，而且每個月至少都得遇上一次信徒登門傳教。

我總覺得自己太愛哭，而且太容易受人左右，這實在是不正常。我不敢表達自己的想法，沒辦法拒絕別人，覺得自己比不上別人、缺乏自信。因為這個緣故，就算只是跟兩三個朋友吃飯，往往也會被朋友的無心之語刺傷一兩次。

「妳又在減肥了？第幾次了？」朋友曾這麼取笑我。每個女人多少都有減肥失敗的經驗，會因為這種玩笑話而受傷的人應該不多吧？但我卻覺得人格完全遭到否定，成了連減肥都做不到的人。之後我大多會憂鬱兩天，連工作也沒辦法專心，這樣的生活真的好累。

高橋小姐在素未謀面的人的喪禮上也會頻頻流淚，這正是對任何事情的情緒反應都很強烈，而且同理心極強（③）的HSP特質。

從她的情況可以看出一旦同理心太強，就容易受他人情緒影響，這也是HSP的重要特徵之一。

大多數HSP由於不安感太強、太悲觀，所以往往很容易因一句無心之語而受傷，或是耿耿於懷。沒辦法拒絕別人、不敢說不，也是HSP常見的狀況。一來是因為同理心過強，導致過於在意對方心情；二來是對於拒絕對方的後果感到不安。

經驗談2：HSP為什麼容易受傷？

讀了以上這兩篇經驗談，讀者應該對HSP有了一定程度的理解。爲了讓大家更加明白HSP的特質，以下再介紹六篇HSP的「感嘆」。

成年之後，也依然沒有改變的「玻璃心」

二十五歲．任職於服飾業

我跟朋友三個人在放學回家的路上邊走邊唱歌，朋友突然笑著對我說：「啊，妳走音了。」我霎時差點掉下淚來。

直到成年後的現在，只是被上司指出報告書上的一個錯誤，我就會憂鬱得吃不下飯。又或是我發的簡訊，若對方超過一天沒有回覆，我也會擔心是不是寫了不該寫的話。就算讀書後不斷告誡自己「要正向思考」，但總是很難做到……這讓我經常暗罵自己太沒用。

太過在意他人感受而痛苦萬分

二十七歲．任職於IT產業

不想帶給人不好的感受，不想傷害他人，得想個理由稱讚對方才行……每當回過神來，我發現自己總是在煩惱這種事。

就算是跟媽媽聊天，只要媽媽有一會兒沒開口，我就會趕緊找話題；拜託最要好的朋友幫一點小忙，我也會擔心「可能會給對方添麻煩、讓對方覺得我很厚臉皮」而猶豫不決，遲遲不敢打電話；跟上司吃飯的時候更是惴惴不安，滿腦子都是「點這個不曉得會被怎麼想」之類的不安；也有因為擔心對方會生氣而不敢掛電話，就這樣講了一個小時的經驗。

膽子實在太小，總是被周圍的事物嚇到

三十二歲・程式設計師

我很害怕走夜路，雖然從公車站牌回家只要三分鐘，有路燈、周圍也都是房子，我還是會擔心隨時可能有人從陰暗處衝出來，因而走得心驚膽跳。

看電視的時候，只要一出現屍體的畫面，我就會立刻把電視關掉，但那種屍體彷彿就在眼前的恐怖感還是揮之不去。

我原本正在閱讀關於亨利八世的書，因為看到太多人遭處死的場面，所以總覺得自己的脖子上也架著冰涼的斧頭……後來只好把書闔起來了。我心裡隨時都有一股茫然的不安，令我無法真正放鬆。

完美主義？積極上進？其實我只是膽小而已

二十九歲．任職於銀行

我是個完美主義者，就算只是寫封電子郵件，也會為了該使用「抱歉」還是「不好意思」而煩惱半天；加上個性積極向上，就算上司說「如果你很忙，也可以交給別人做」的工作，我也會接下來，並為了做完而取消約會、熬夜加班……。

其實我根本不是什麼完美主義或積極上進的人，我只是個對他人評價耿耿於懷的膽小鬼。深怕被別人說「不中用」「什麼都不懂」或「靠不住」什麼的，每天都活得提心吊膽。

為了掩飾神經質，只好戴上「小丑面具」

三十歲‧美容師

每個人都以為我是個開朗、冒失又輕浮的人。從前上體育課的時候，我因為做不到單槓運動的後翻動作，於是乾脆讓自己一屁股摔在地上，沒想到這個舉動引來同學們哈哈大笑，讓我嚐到了扮小丑的滋味。

長大之後，「拿失敗來開玩笑」依然是我的看家本領，大家常被我逗得合不攏嘴，似乎並不認為我是個「討人厭的傢伙」。

但每當獨處時，我就會變得陰沉，有時會很擔心自己的言行是否傷害了朋友而整晚睡不著；鄰居孩子的聲音也會讓我頭痛欲裂。為了不讓別人發現我神經質及陰鬱的本性，只好隨時戴著「小丑面具」過日子。

幻想的世界是如此真實

三十二歲．美術印刷設計師

每當一群人聚在一起時，我總覺得只有我顯得很突兀，跟周圍格格不入。雖然我沒有遭到戲弄，也沒有跟不上話題的情況，而且大家人都很好……即使如此，我還是會覺得有股說不上來的疏離感，直到跟眾人分開後，我才會感覺鬆了口氣。

在聚會結束後的夜晚翻開畫冊，我會被一口氣拉進繪畫的幻想世界中，那是一種輕飄飄的、總是令我沉醉不已的感覺。沉浸在幻想的世界中不僅比較快樂，而且比真實的世界更加真實。

不責備自己，是讓高敏感的自己綻放光芒的第一步

不知道各位讀了之後有何感想？如果有哪個部分令你「深有同感」，代表你

也很有可能是HSP的一分子。

這些HSP的經驗談可說是字句血淚。大部分的HSP都只能活在不安與顫抖之中，被自己過於敏感的感覺所擺弄，因過於在意他人感受而不能說不，偏偏又打從心底厭惡自己的神經質及膽小。

有些人隱藏本性，寧願當個「小丑」；有些人在現實生活中找不到棲身之所，只能從繪畫及幻想的世界裡尋求一絲眞實感……。

每個HSP的生活都是如此煎熬，就連提倡HSP概念的艾融博士本人也不例外。

在從前，口才好的人會被認爲「一張嘴，胡蕊蕊」，唯有性格木訥、謹言愼行的人才能獲得誠實、內斂、穩重之類的正面評價，被視爲一種美德。換句話說，從前的時代對HSP而言，是相對容易生活的。

但美國的情況可就不同了。美國崇尚的是敢大聲說出自我主張、伶牙俐齒、說起話來聲勢奪人、才氣煥發、性格豪爽、積極果斷、開朗樂觀的人，在那樣的社會裡，心思細膩及深度的訊息處理能力無法獲得正面評價，連艾融博士也曾感覺自己像個「次等公民」。

ＨＳＰ眞的只能當「次等公民」嗎?不，絕對沒那回事!

ＨＳＰ的玻璃心與生活煎熬，其實正與犀利的感覺及感受性、豐富的心靈及情感、無限想像力及高度同理心等美好優點是一體兩面的。

當然，除了這些美好優點外，大部分ＨＳＰ確實有著容易不安、悲觀、想法消極、易受他人影響、容易疲累等負面特質，也正是這些負面特質讓ＨＳＰ變得容易受傷，生活中充滿了痛苦。

但即便如此，也請你不要感到自責。我想要再強調一次，就算你是ＨＳＰ，這種敏感及纖細的特質也是與生俱來的特質，並非因爲你太懦弱、太懶惰，或是抗壓性太低。

只要你願意接納這些負面特質，並且加以肯定，受傷的機率就會大幅降低，生活也會覺得輕鬆許多。而要實現這個目標的第一步，就是不要責備自己。

當你能夠接納並肯定這些負面特質後，你所擁有的那些敏銳感覺、犀利感受性、豐富的心靈及情感、高度同理心等無可取代的優點才能獲得徹底發揮，讓你綻放光芒。

HSP診斷評量表

你心中的痛苦、煎熬，以及易受傷的問題，是否源自於HSP的特質？或者更直接了當地說，你是不是HSP的一分子？

以下是由艾融博士所設計的〈HSP評量表〉，請依照你最真實的感受回答問題。只要有一點點符合，請回答「是」；如果完全不符合或不太符合，請回答「否」。

・經常察覺周遭環境變化——是・否
・容易受他人情緒影響——是・否
・對痛覺相當敏感——是・否
・如果忙碌的日子持續好一陣子，你會想要躲在床上或陰暗的房間，讓自己獲得私人空間並逃離感官刺激——是・否
・對咖啡因相當敏感——是・否

・無法忍受太強的光線、刺鼻的氣味、質感粗糙的布料及警報聲——是・否
・擁有豐富想像力，常沉溺在幻想中——是・否
・容易因噪音而感到焦慮——是・否
・常受美術作品或音樂深深感動——是・否
・心地善良——是・否
・容易受驚嚇——是・否
・當在短時間之內必須完成許多工作時，會方寸大亂——是・否
・當發現他人心情不佳時，馬上就能找到安撫的方法（如調整燈光亮度、更換座位等）——是・否
・不喜歡一次被別人拜託太多事情——是・否
・對於疏失或遺漏物品的情況相當在意且謹慎小心——是・否
・從不看暴力的電影或電視節目——是・否
・自己的生活周遭同時發生太多事情，會感到不高興且神經緊繃——是・否
・一旦肚子餓，就會出現精神無法集中、心情變差等強烈反應——是・否
・生活發生變化會讓自己不知如何是好——是・否

・偏好輕柔的香氣、味道、聲音或音樂——是・否
・生活中最注重的事，是盡可能不讓自己陷入慌亂的情況——是・否
・工作時如果有競爭對手，或是有人在旁邊看，就會因爲緊張而無法發揮實力——是・否
・小時候父母或師長常說自己是個「敏感」或「內向」的孩子——是・否

以上這些問題，若有十二題以上回答「是」，就應該是HSP。但請注意，若只有一、兩題回答「是」，但程度非常嚴重，也有可能是HSP。

第二章
什麼是HSP（高敏感）？

敏感易受傷其實是相當美好的特質

感覺的敏感象徵著高度訊息處理能力

在第1章中，我們提到HSP的「四項特質」，本章將針對這些HSP的特質進行更詳細、更具體的探討。

大多數HSP發現自己具有HSP的特質，是因爲對光線、聲音、香味、味道、觸覺等外來的「五感」刺激過於敏感。

在實際的案例中，許多HSP都會對閃爍的燈光、冰箱發出的嗡嗡聲、微弱的體味等各種刺激產生敏感的反應。這也意味著HSP接收外界刺激的能力是很強的。

不過接收刺激能力強，並不代表耳朵、眼睛等感覺器官特別敏銳。也就是視力或聽力並沒有超越常人，分布在鼻腔黏膜上的嗅覺細胞數量也沒有比較多。

那麼ＨＳＰ接收外界刺激的能力強是什麼意思呢？簡單來說，ＨＳＰ的感覺器官並不特別強，但是大腦擁有極強的訊息處理能力，所以其實是指當感覺器官接收到訊息時，腦部會進行非常仔細且深入的處理。

也正是這個細膩而深入的訊息處理能力，造就出了接下來所要探討的各種ＨＳＰ特質。

我們並不是因爲眼睛、耳朵或鼻子接收到刺激，所以能看見東西、聽見聲音或聞到氣味。這些由感覺器官接收到的刺激（訊息）必須經由特定路徑，進入大腦的特定部位，完成了訊息處理後，我們才能接收到「狗在走路」「麻雀在啼叫」「醬菜好鹹」等訊息。

就算看見的是相同的景色，一個大腦處理方式籠統而粗淺的人，只能接收到進入感覺器官（眼睛）的訊息的一小部分。譬如只能察覺前面有棵櫻花樹，後面有座山，除此外什麼都意識不到。

但是ＨＳＰ擁有細膩而深入的訊息處理能力，所以能察覺櫻花樹上停著鳥兒，山上有著靄靄白雪，天空萬里無雲……能夠接收到的細節訊息量，與非ＨＳＰ截然不同。

除了視覺外，聽覺、嗅覺、味覺及觸覺也是相同的道理。

經由微小的刺激就能產生反應，所以能察覺細微變化

HSP因爲大腦有著高度的訊息處理能力，所以也擁有優秀的觀察力，即使是微小的變化也能夠立即察覺。

譬如家具或掛在牆上的畫，只要擺放位置稍有不同，或是原本有的東西不見了，HSP都能夠看出來。夏洛克·福爾摩斯、白羅、瑪波小姐等小說中的「名偵探」，也都是藉由察覺別人沒有發現的細微線索來破解懸案。

HSP對氣味的變化也相當敏感。我曾經聽過這樣的故事：據說有個HSP在走進父親病房時，察覺病房內的氣味有了微妙改變，於是他趕緊打電話給住在遠方的哥哥，當晚父親就過世了。多虧了HSP對氣味的敏銳觀察力，他們才能在父親臨終前陪伴在他身邊。

德國學者弗里德里希·葛斯敦堡曾做過以下這項實驗：

在電腦畫面上塞入大量且不同角度的「L」，並且放入一個「T」，接受實驗者必須從畫面上把「T」挑出來。而實驗的結果，證明HSP找出「T」的所需時間比一般人短。

擁有優秀直覺力及豐富靈感

HSP的敏感不僅表現在感覺（五感）上，而且在第六感及直覺力上也有過人之處。所謂的第六感，指的是超越了五感的感覺，與直覺、預感、靈異感、天啓等能力都屬於超感覺的範疇。

當我們想要掌握一件事物的本質時，一般會利用視覺、聽覺、嗅覺、味覺、觸覺這五感來分析訊息，進行整合判斷後做出結論；但有些時候，我們省略了過程中的訊息分析、整合判斷，甚至是一切邏輯及理論，會以「跳躍」的方式一口氣找出答案，這正是因爲我們的第六感及直覺力發揮了作用。

人類有時候會產生一些難以言喻、無理可循的「感覺」。譬如在決定商品行銷策略時，不知爲何總覺得B策略會比A策略成功。這個「感覺」，就是我們的第六感及直覺力。

第六感及直覺力是怎麼產生的？關於這個問題，目前科學界還無法找出答案。我個人的看法如下：

我們能夠理解這個世界，全憑著大腦這個資訊處理裝置。但所能理解的範圍，其實只是自然界的冰山一角。

人類藉由語言的發明，開始能夠以抽象的方式理解世上的萬事萬物，卻也因此而無法以最直接的方式認識這個世界。不管是身體還是腦部活動，我們能理解的都只是一小部分而已。

若以河川來比喻，大河是由小河匯聚而成，最後會流入大海，但我們的理解範圍只有出海口附近而已。我們不知道河水從何而來，也不知道小河如何匯聚成大河。

但大腦的資訊處理能力畢竟有限，加上每個人的能力不同，即使針對相同的現實事物，也不見得能以相同的語言加以描述。但無法轉換成語言的直覺及第六感，反而為我們提供了更多的資訊；他人的表情、動作等非語言的訊息，建構起了人類所無法理解的潛意識世界。

當我們在尋求某個問題的答案時，一些原本躲藏在潛意識世界的訊息可能會跳出來，進入意識世界。當發生這種現象的時候，我們就會認爲是第六感或直覺發揮了作用，讓我們得到靈感。

而HSP的第六感跟直覺較強，所以也意味著在必要的時候，HSP從潛意識世界找出自己所需資訊的能力較強。

來我的醫院就診的HSP們，大多具備優異的第六感跟直覺力。譬如能察覺醫院職員之間的微妙氣氛差異，並且偷偷告訴我可能發生了什麼事。

HSP由於擁有敏銳的第六感及直覺，所以往往會依賴這個能力，而將邏輯思維拋在一旁。很多事情HSP只要憑直覺就能得到答案，因此會覺得分析、判斷及理性思考是相當麻煩的事情。

當然直覺有時也會出錯，但艾融博士在其著作中主張「HSP的直覺大多是正確的」。

此外，HSP也擅長於察覺他人的心情，這多半是因爲HSP同時兼具敏銳的感覺及直覺，所以能夠迅速且正確地解讀出他人臉上表情。

共感能力、心眼能力……擁有特殊感覺的ＨＳＰ

有些人擁有共感能力、心眼能力這類特殊感覺能力。這類特殊能力，在來我的醫院就診的ＨＳＰ中，不管大人或小孩，都能夠經常見到。

所謂的共感，指的是兩種感覺結合在一起的知覺現象。譬如有人能從文字感覺到顏色。在這些人眼中的「Ｐ」字可能是粉紅色，「Ｇ」字可能是綠色，「Ｂ」字可能是藍色。每個字所對應的顏色也會因人而異。

擁有共感能力的人在閱讀時，都會看見有顏色的文字。曾經有某個具備共感能力的學生跟我說：「課本裡的字都有顏色，重要內容可以配合顏色一起背，相當方便。」

除了跟文字結合外，還有人是聽到音樂或聲音會看見顏色，或是聽到話語時腦海會浮現相對應的景象。

除了感覺跟感覺外，感覺跟感情之間也有可能出現共感現象。某個熟識的

ＨＳＰ對我說，他只要觸摸別人的皮膚，就能夠感受到對方心中的悲傷、不安或喜悅的心情。

我剛剛提過，由於ＨＳＰ同時兼具敏銳的感覺及直覺，因此能夠迅速由他人臉上表情解讀出心情及想法。倘若是觸摸皮膚就能得知心情的共感能力擁有者，想必這方面的能力更加高人一等吧。

每百人之中，有共感能力的人只占了0.5至2人左右（依性質不同而有所差異）。這些人大多擁有豐富的想像力、創造力及聯想力，感受性極高，而且孩提時代的記憶會清晰、鮮明地保存在腦海裡。

心眼的英文爲「mind's eye」，指的是不管想像什麼都能有如眞實感受的能力。譬如當我對某個具有心眼能力的ＨＳＰ孩子說「這裡有顆蘋果」，假裝做出把蘋果放在桌上的動作，那孩子就能清晰地看到桌上的蘋果，甚至聞到蘋果的甜香，摸到蘋果的冰涼觸感，彷彿蘋果就在眼前。

除此之外，心眼能力還是一種能夠把心眼放進任何空間的神奇技能。

譬如我曾對ＨＳＰ的孩子說：「你能不能進入這個小小的藍色瓶子，從裡頭看我？」那孩子突然大聲歡呼，對我說：「哇！醫生的臉跟手都變成藍色了！」那孩子的反應彷彿已讓心眼進入瓶中，實際看見了變成藍色的我。

看地圖時，大多數的人會把地圖轉向自己要前進的方向，但偶爾爾也會遇到不用旋轉地圖的人，這表示他們能在心中自行將畫面旋轉。我想這應該也是一種心眼能力，但有些人的心眼能力比這個強得多。

某個有HSP特質的男人在電視上看到了一群猴子。原本畫面是以遠鏡頭拍攝著山上的猴子，但是下一瞬間，畫面突然切換，男人發現自己正從山頂上往下看——原來不是畫面改變，而是男人的心眼飛到了山頂上。

再舉一個例子，一個有HSP特質的建築師對我說：「醫生，我有一對很方便的眼睛。」他只要站在外頭看一棟房子，接著不論從什麼角度及位置切開，他都能精確地看見房屋的剖面。我想這也是因爲他能夠自由地移動及運用心眼的關係。

除了這些例子外，我猜測愛因斯坦可能也有心眼能力。他能夠發現相對論，可能是因爲他可以把心眼拉到宇宙的盡頭。

據說愛因斯坦很晚才學會說話，幼兒時期還曾被懷疑發育遲緩，這正是在具有心眼能力的孩子身上常見的現象。因爲當他們以肉眼觀看平面上的文字時，可能會與心眼看見的文字產生偏差；或是心眼看見的文字會飄移，導致看不清楚平面上的文字。

如果你也是HSP，請不要忘記，在你的同伴之中，有些人擁有共感能力、心眼能力這類美好的特殊能力。

對他人的喜怒哀樂感同身受

HSP對感覺刺激相當敏感，擁有優秀的直覺及敏銳的觀察力，所以能夠察覺他人所無法察覺的微小變化。但除此之外，HSP還有一個重要的共通特徵，就是極強的同理心。

因爲同理心極強的關係，HSP大多比較愛哭。只要看見電影或影集裡的感動橋段，甚至是可憐的新聞事件，往往會哭得一把眼淚一把鼻涕。

面對「活人」時也有相同的現象，光是聽人說了悲傷的往事，HSP可能就會感到胸悶、鼻酸，而且可能會低下頭，不讓人發現自己眼眶含淚。相反地，看見開心的人，自己也會雀躍不已；看見有人遇上不合理的事情而破口大罵，自己也會感到義憤填膺。

我在本書一開頭就曾提過，這種對他人的喜怒哀樂感同身受的強烈同理心，源自於豐富的情感及敏銳的感覺。因爲有這些特質，才能洞悉他人的心情。

「理解他人心情」的狀況有三種，第一種是以腦袋理解，第二種是以心情理解，第三種是以身體理解。以腦袋理解靠的是思考，以心情理解靠的是情感，以身體理解靠的是全身的感覺。

ＨＳＰ擁有豐富的情感及敏銳的感覺，在情感及感覺的強大作用下，同時能以心情及身體理解他人的感受。當情感及感覺同時發揮作用時，便會產生同理心，而同理心會誘發對他人的關懷。換句話說，ＨＳＰ的同理心並非來自於腦袋（語言跟邏輯），而是來自於情感及感覺。

此外，同理心強也有助於解讀場面氛圍。

所謂的「場面氛圍」，指的是一群人聚集在一起時營造出的氣氛。ＨＳＰ能夠迅速理解每個人的感受與心情，當然也能夠比別人更加快速地掌握人們營造出的整體感受與心情。不僅如此，而且ＨＳＰ還能夠配合場面氛圍，做出一些貼心的安排或舉動。

正因為ＨＳＰ有同理心且能夠關懷他人，所以本性仁慈且心地善良，也是其特徵之一。

能夠掌握事物的本質

ＨＳＰ能夠從各種角度深入探討事物，這全是因為擁有細膩而深入的訊息處理能力。

有學者曾在實驗中利用功能性磁振造影（functional magnetic resonance imaging，fMRI）觀察人腦的血液流動變化，發現ＨＳＰ與一般人相比，負責辨識複雜、細膩事物的大腦部位活動較為旺盛。

ＨＳＰ靠著天生的直覺與靈感，能夠在一瞬間找出問題的答案；但一旦開始「思考」，亦會試圖深入探討事物的本質，而非只滿足於表面的現象。而且ＨＳＰ會試著為一個問題找出所有可能的答案，並審慎思考每個答案的差別。

這意味著ＨＳＰ不僅擁有優秀的直覺及第六感，也擁有周延而嚴謹的思路。

約七成的ＨＳＰ是內向型性格

大多數ＨＳＰ的處世態度都是文靜而低調的。原因有兩點，第一是ＨＳＰ的想法較為謹慎，第二則是約有七成的ＨＳＰ性格是內向型。

深層心理學家榮格將人的性格區分成「內向型」與「外向型」兩種，外向型的人對外在世界較感興趣，內向型的人則較關心自己的內心層面。

外向型的人會對於在社會上引發話題的案件或醜聞產生興趣，不排斥與人東家長西家短，而且會受新開的店或新的流行事物吸引。簡單來說，外向型對他人的興趣是建立在對花花世界的興趣上，因此外向型大多喜歡出遊、喜歡熱鬧的場面，而且能藉由接受大量刺激讓自己變得亢奮或恢復精神。

相較之下，內向型的人對於外在世界並沒有太大的興趣。內向型比較關心自己的內心所發生的事情，譬如自己的心理狀態，以及人格本質等。換句話說，內向型的專注力只投注於主觀的內在世界，理解他人的方式是透過心靈層面的摸索，因此會受到文學、哲學、繪畫及音樂深深吸引。

內向型的人比起出門，更喜歡待在家裡一個人沉思、讀書、聽音樂，非常重視能夠盡情徜徉在幻想世界裡的私人時間。

HSP有七成是內向型，這表示大部分HSP更喜歡安靜地一個人獨處。也因此HSP除了豐富的情感、敏銳的感覺及犀利的直覺外，還擁有寬廣而深邃的內心世界。

容易不安及疲勞

到目前爲止，我們提到了許多HSP的美好特質包括擁有敏銳的感覺、豐富的情感及犀利的直覺，能夠察覺細微變化、迅速理解他人心情，擅長掌握場面氛圍，而且還擁有縝密而周詳的思慮等。

但就像硬幣的正反面一樣，這些特質同時也是HSP的「弱點」。想要找出HSP容易受傷且活得很痛苦的原因，就必須先了解HSP有哪些弱點。

HSP對於來自外界的刺激會進行細膩而深入的訊息處理，因此可以發現別人無法察覺的細微特徵，而且能比他人更加感受到清晰而鮮明的刺激。但也因為這個緣故，HSP非常容易感到疲累。

許多一般人不會意識到的微小訊息也會進入HSP的腦中，受到細膩而深入的處理，因此HSP的神經很難找到機會休息。HSP必須一方面承受聲音、氣味等各種感官刺激，一方面還要理解他人心情、掌握場面氛圍並做出種種貼心舉動，當然會容易覺得疲勞。

尤其是在喧鬧的大街或宴會場合，對HSP來說更像是疲勞轟炸。大量的人群、往來的車輛、噪音及各種氣味，會形成數也數不盡的感官刺激。HSP必須對這所有刺激一一進行細膩的訊息處理，沒有辦法置之不理。

我在前文提過，德國學者弗里德里希·葛斯敦堡曾做過讓受測者從大量的「L」字母中找出「T」字母的實驗。HSP找出正確答案的所需時間雖然比一般人短，但在實驗結束後的疲勞感也比一般人更強。

此外，HSP還很容易受到驚嚇。由於大腦隨時在接收及處理大量訊息，因此隨時處於「超載」的狀態。簡單來說，就是大腦隨時都忙得不可開交，因而很容易出現過度反應，譬如因一點微小的聲音而受到驚嚇，或是被人輕拍肩膀就嚇得跳起來。

ＨＳＰ的另一個重要特徵，那就是容易感到不安。心裡的不安感太強，使得ＨＳＰ經常處於忐忑不安的狀態，沒辦法眞正放寬心，這也是容易受到驚嚇的原因之一。

造成ＨＳＰ容易不安的主要原因，可能有以下幾點：第一，大腦隨時處於「超載」的狀態；第二，腦中的杏仁核部位容易進入活躍狀態（後文詳述）；第三，在兒童時期可能會因沒辦法與雙親建立良好關係而產生依戀障礙。

可以肯定的一點是，ＨＳＰ的不安感太強與活得很痛苦有著密切的關聯性。

對化學物質及電磁波也會產生敏感反應

有些ＨＳＰ對於含有化學調味料、防腐劑、著色劑、人工甜味劑等化學物質的食品，也會產生敏感反應。一旦吃下這類食品，可能會引發腹痛、噁心或頭痛等症狀。

除了化學物質外，有些ＨＳＰ還會因攝取了咖啡因之類的刺激物質，而陷入短時間的身體不適。

除此之外，還有一些ＨＳＰ會在使用合成清潔劑後出現皮膚紅腫、起疹子的症狀。有時光是待在受到汙染的河邊或海邊，就會感覺頭痛，甚至會發燒。

電腦、手機、電視、微波爐、電磁爐……這些方便的機器讓我們的生活變得更加輕鬆，但有些人會因身體吸收了這些機器所釋放出的電磁波，而產生電磁波過敏症。

這種對電磁波的過敏反應會引發各種不同的症狀，包含眼睛受損、視力減退、暈眩、想吐等。

世界衛生組織（ＷＨＯ）已在二〇〇五年正式承認這個疾病。曾任挪威第一任女性首相及世界衛生組織總幹事的布朗特蘭，就公開過表示自己患有電磁波過敏症，讓這個疾病在世界上廣爲人知。

來我的醫院就診的病患之中，有不少ＨＳＰ也患有電磁波過敏症。這很可能是因爲ＨＳＰ對感覺刺激太過敏感，導致對其他人感受不到的微弱電磁波或化學物質也會產生反應，因而產生各種症狀。
根據推估，患有電磁波過敏症的人之中，約有80%也患有化學物質過敏症。

HSP的「三大天敵」：工作重疊、臨時變更、時間限制

HSP由於心思縝密，所以大多在工作上能取得相當高水準的成果。
譬如要寫一篇報告書，許多HSP會從各種角度找出所有可能性，即使再小的矛盾也會加以排除，讓報告書的品質接近完美。
事實上，HSP相當擅長把全副心神放在一件工作上，使其達到盡善盡美的程度。
但從另一方面來看，HSP不擅於同時處理兩件以上的工作。而且如果有時間限制，HSP就會感受到極大壓力，導致無法發揮全部實力；對於應付突如其來的變化，HSP也不太拿手。
如果在會議上遭人反覆詰問，HSP很可能會吞吞吐吐，不知如何回答；找

工作時若遇上集體面試，更是有如噩夢。

這是因爲任何一個問題都會讓HSP想到許多種可能的答案，而每種答案都需要花時間謹愼推敲的緣故，但HSP在會議上詞窮的模樣，很可能會被周遭的人誤以爲「遲鈍、工作能力差」。

集體面試的時候，HSP還沒想出一個最合適的答案，其他面試者早已搶著回答了。站在面試官的角度來看，就算答案平凡無聊，但能在聽到問題後立即回答，代表這個人夠開朗、有幹勁且富機智。

相較之下，想了很久才說出答案的HSP，通常會被面試官認爲是「優柔寡斷、畏畏縮縮」。

現在的社會，比起發言內容的深度，更加重視一個人能否即時反應、對答如流。話雖如此，HSP務實而嚴謹的工作態度，雖然剛開始可能不被欣賞，但最後一定會受到肯定。

最害怕陌生人及陌生地點

大部分HSP都害怕從未見過的人和從未到過的地點。

若是宴會或聚餐，那可說是最糟糕的情況。在陌生的場所被一大群陌生人包圍，原本就容易感到不安的HSP心中往往會萌生接近恐懼的負面情緒。

嚴格說起來，HSP由於會細膩而深入地處理每一個訊息，因此極不適合與他人進行客套的對話或閒聊，但在面對第一次見面的人時，想不客套對話或閒聊也不行。

受到他人攀談時，HSP說話常會結巴，而且很容易陷入沉默，並會爲此而自怨自艾，加上對方可能會認爲「這個人很陰沉」的想法又會被HSP看穿，更是雪上加霜。

HSP所擅長的，是與他人進行富啓發性、有深度、有內涵的對話。畢竟他們擁有敏銳的觀察能力，不但能夠洞悉一般人難以察覺的細節，還能夠將獲得的訊息進行細膩而深入的處理；加上HSP重視心靈世界，因此可能擁有極深的藝術造詣，只要挑對了話題，也可以源源不絕地聊下去。

ＨＳＰ由於情感豐富，容易對具巧思的詞藻產生強烈反應，甚至大受震撼或感動。因此與ＨＳＰ對話，或許能享受到妙語如珠的快感。

此外，由於ＨＳＰ具備極強的同理心，懂得關懷他人，所以也是相當好的聆聽者。ＨＳＰ能夠一邊對話一邊觀察對方反應，不會自己一個人說個不停。即使站在對方的角度來看，與ＨＳＰ對話也是一件相當開心的事。

ＨＳＰ只是不擅於與陌生人進行客套的對話，並不代表不擅於交談。說得更明白點，ＨＳＰ雖然沒辦法跟陌生人順利交談，但熟了之後卻能談些有深度的話題，而且能夠讓談話對象樂在其中。

「分界線」模糊，易受他人影響

想要與他人建立溫暖而堅定的情誼，具備同理心是不可或缺的條件；但另一方面，同理心太強卻也有著易受他人影響的缺點。

例如當周遭的人陷入悲傷或不安的情緒時，ＨＳＰ很容易受這些負面情緒影響，自己也變得悲傷或不安，且ＨＳＰ會一直被對方的情緒牽著鼻子走，沒有辦法自我克制。

HSP容易受他人影響的另一個理由，就是同調性太高。

所謂的同調，指的是當他人做出一個動作時，自己在不知不覺之中採取相同行動的現象。當發生這種現象時，代表大腦的鏡像神經元正在發揮作用。

同調是學習上不可或缺的現象，但同調性太高會過度受他人影響，可能會因他人的言行舉止而陷入迷惘，失去自己的方向。關於同調性的問題，後文會再詳述。

同理心與同調性太高，會導致「分界線」變得模糊，這也是大多數HSP的特徵。我們每個人在日常生活中都會畫出無形的「分界線」，區分「自己」與「他人」的不同。藉由畫清分界線，能夠防止他人侵犯，達到保護自己的效果。

因此如果分界線太模糊，其他人就可以毫無阻礙地闖進自己的心中。某個HSP是如此形容的：「他人的心情宛如洪水般灌入自己的心中」。

一旦被他人入侵，自己的內心就會完全遭到占據，不論是想法、感受及思緒都會受到控制。

加上ＨＳＰ太仁慈、太善良，一旦分界線模糊，很容易會讓心懷不軌的人有可趁之機。本書在第3章介紹了強化分界線的練習，請一定要實踐看看。

ＨＳＰ約有三成是「ＨＳＳ型的ＨＳＰ」

有些ＨＳＰ雖然對感覺刺激相當敏感，也擁有敏銳的直覺，但性情與前文介紹的ＨＳＰ截然不同。

即使在陌生地點或面對陌生人，也絲毫不會膽怯；難得的放假日也不願意待在家裡無所事事，為自己充電的方式是到外頭逛逛街、見見朋友。

這樣雖然是ＨＳＰ，卻又同時具備ＨＳＳ的特質者，被稱為「ＨＳＳ型的ＨＳＰ」。

那麼，ＨＳＳ是什麼意思？事實上這是心理學家馬爾文·佐克曼提出的概念。ＨＳＳ是「High Sensation Seeking」的縮寫，直譯就是「追求強烈刺激的人」。這種人好奇心旺盛，幹勁十足，個性衝動，三分鐘熱度，為了追求刺激不惜冒險犯難，個性不拘小節，而且不會察覺事物的細節。

如果保留上述特質中的好奇心旺盛及追求刺激，加上ＨＳＰ的敏感、敏銳直覺及同理心等特質，就成了ＨＳＳ型的ＨＳＰ。特徵是雖然喜歡追求新的體驗，卻不會爲此冒險；也有著ＨＳＳ的沒有定性、三分鐘熱度等特質。

我在前文提過，約有七成的ＨＳＰ屬於內向型，而剩下三成的外向型，指的就是ＨＳＳ型的ＨＳＰ。

ＨＳＳ型的ＨＳＰ與一般的ＨＳＰ一樣，會大量接收來自外界的感覺刺激，而且有著敏銳的觀察力。譬如椅子的排列方式稍微有了改變，ＨＳＰ馬上就會發現；若有一對男女經常互相對望，ＨＳＰ也能憑著直覺立即明白他們的關係。不管做什麼事，ＨＳＰ都能表現得面面俱到，也因此可能會讓別人覺得有點喘不過氣。

由於這種人也會大量接收感覺刺激，因此即便擁有ＨＳＳ的特質，還是跟ＨＳＰ一樣很容易感到疲累。

ＨＳＳ型的ＨＳＰ總是朝氣十足，不管遇到任何人都能大方應對，甚至可能給人一種粗線條的感覺，但實際上神經相當纖細，因此十分容易疲勞，這點與

「純正」的HSP並沒有什麼不同。

HSS型的HSP很可能會因爲太敏感導致刺激過量，引發自主神經機能障礙（dysautonomia，又稱自律神經失調）而產生各種不適症狀，而且也很容易對化學物質產生過敏症。

由此可知同樣是HSP，每個人的狀況卻不盡相同，程度也有高低之別；而HSP與HSS的混合型，也可以歸類在HSP之中。

或許有些人會認爲自己雖然很敏感，但個性外向，應該不是HSP，但其實或許只是並非典型的HSP，而是與HSS的混合型。

想要知道自己是什麼樣的人，就必須仔細觀察與分析自己的內在世界，相信這也能成爲相當有趣的經驗。

HSP（太過敏感的人）與HSS（追求強烈刺激的人）

性情	HSP（＋）	HSP（－）
HSS（＋）	**HSS型的HSP** 沒有定性，神經容易處於亢奮狀態。容易受刺激所震撼，卻也容易厭倦。喜歡追求新體驗，但不是很喜歡冒險。	HSS 總是好奇心旺盛，幹勁十足，個性較為衝動，喜歡冒險犯難，三分鐘熱度，不會察覺事物的細節。
HSS（－）	HSP 注重精神世界，喜歡寧靜生活，無衝動傾向，從不冒險。	**既非HSP亦非HSS** 好奇心不強，也不注重精神世界。很少深入思考一件事情，只是過著平淡的生活。

從大腦與神經的角度分析ＨＳＰ與生俱來的敏感特質

HSP的腦部迴路特徵

我在前文也提過，ＨＳＰ的種種特質與特徵都是天生的，這點從ＨＳＰ的大腦內部現象及神經活動可以明顯看得出來。本節我們將把重點放在大腦的活動迴路上，因此可能會出現很多從來沒聽過的專有名詞，但我會盡量以淺顯易懂的方式進行解說，請不用擔心。

大腦裡存在著各種不同的迴路系統，各有不同的職責。其中包含一些負責與他人溝通、關心他人感受等維持社會生活所需要的迴路，合稱爲「社會性腦」的迴路系統。

「社會性腦」可分爲五種迴路，分別是「恐懼迴路」「同理心迴路」「同調迴路」「內心理論迴路」及「預設模式迴路」。

負責掌管不安與恐懼的「恐懼迴路」，最主要器官是形狀與杏仁相似的杏仁核（Amygdaloid）。由於它在進化過程中出現得相當早，因此又被稱作「舊腦」。

其它四組迴路則都存在於較晚出現的「新腦」，也就是「大腦皮質（cerebral cortex）」上。

「同理心迴路」負責感受及體會他人的感情或感覺；「同調迴路」負責在無意識之中採取和他人相同的行動；「內心理論迴路」負責站在他人的角度客觀審視自己；「預設模式迴路」則負責讓注意力集中在內心世界裡。

當這些迴路都能夠各司其職且靈活發揮機能，我們才能獲得社會性，建立起圓滿的社會生活。

關於這些迴路，HSP有個與生俱來的特徵，那就是「恐懼迴路」「同理心迴路」和「同調迴路」的活動較旺盛，而「內心理論迴路」的活動較微弱，這代表HSP有著很強的主觀想法，不擅長站在客觀角度看待事物。事實上，HSP的許多特徵都是由此而來。

容易感到不安，是因為杏仁核的活動太旺盛

ＨＳＰ的特徵之一，是經常處在強烈的恐懼與不安感中。從腦部迴路的觀點來看，這全是因爲「恐懼迴路」的活動力太強的關係。

事實上學界已發現ＨＳＰ的腦與一般人的腦相比，杏仁核會接受較大量的血液，而杏仁核正是掌管恐懼與不安的主要器官，輸送的血液較多，也代表著活動較爲旺盛。

杏仁核長期處於亢奮狀態，持續感到不安與恐懼，不僅會容易產生心理壓力，而且也會容易陷入焦躁、疑神疑鬼、無謂擔憂等負面狀態。

此外，杏仁核活動旺盛的人，也較容易產生悲觀想法。

大腦裡另外還有「悲觀腦」及「樂觀腦」的迴路，「悲觀腦」的主要活動部位就是杏仁核，而「樂觀腦」的活動部位則是大腦皮質上的前額葉皮質（prefrontal cortex），與負責客觀看待事物的「內心理論迴路」重疊。

ＨＳＰ由於杏仁核活動旺盛，加上「內心理論迴路」機能較弱，所以容易受

「悲觀腦」左右，陷入悲觀的感受及想法。

譬如在工作上犯了小小的疏失，若能發揮「內心理論迴路」機能，就能站在客觀立場告訴自己「別為這種小事煩惱，只要接下來的工作更加努力就行了」，卻因杏仁核活動太旺盛，就算有這種客觀想法也會遭恐懼與不安淹沒。

理性明明告訴自己沒那麼嚴重，內心卻會不斷冒出「我完蛋了」的聲音，強烈的不安與恐懼讓自己什麼也做不了，彷彿人生已走到了盡頭。

同理心來自於「同理心迴路」及「同調迴路」

HSP對他人擁有高度的同理心，全是拜「同理心迴路」天生活動旺盛所賜。但除此之外，前面提到的「同調迴路」的機能也不容小覷。

所謂的同調，指的是在無意識之中採取跟他人相同的行動。譬如當看見有個人在撫摸一隻狗，你的大腦裡協助完成「撫摸狗」這個行為的迴路就會受到活化，讓大腦進入彷彿正在撫摸狗的狀態。

如果大腦裡的同調機能太強，有時自己的手甚至還會做出撫摸狗的動作。換句話說，就是在無意識之中模仿了他人的行爲。

大腦會產生像這樣的同調現象，是因爲大腦皮質中的鏡像神經元（mirror neuron）發揮了作用。這種神經元就像「鏡子」一樣，在映照出他人行爲的同時，執行該行爲所需要用到的大腦部位都會受到活化。

每個人在出生後，都必須學習很多事，像是說話、拿筷子、穿脫衣服、使用吸塵器、彈鋼琴……要學會這些行爲，絕大部分必須仰賴以鏡像神經元爲核心的「同調迴路」來模仿他人的動作。

同調性不僅是學習各種生活技能所不可或缺的能力，更是與他人建立親近關係的重要能力。「同調迴路」機能較強的HSP，只要與一個人相處半天左右，可能就會開始模仿那個人的習慣動作或說話方式。

當然如果只是這種程度，不會造成太大的問題；然而同調性要是過強，可能會受他人過多影響，導致失去主見，被他人牽著鼻子走，甚至是心靈遭到控制。尤其是天性仁慈、善良的HSP，更要特別提防騙徒或某些惡劣的洗腦手法。

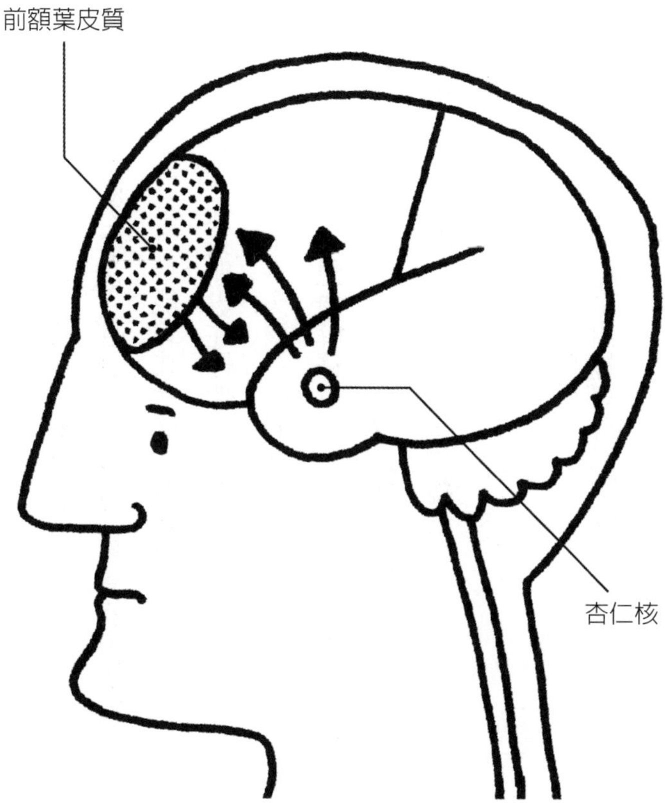

樂觀腦與悲觀腦

「恐懼迴路」的主要部位是杏仁核，而杏仁核與掌管思考及創造力的前額葉皮質的外側面（自外側可看見的面）互相連結。因此杏仁核活動太旺盛時，就算理性知道沒有危險，還是容易感到不安或恐懼。（資料來源：《脳科学は人格を変えられるか？》文藝春秋）

多巴胺與血清素的神經系統容易紊亂

HSP的杏仁核活動天生較旺盛，因而長期處於強烈不安與恐懼之中，導致容易感受到壓力。加上HSP對壓力的忍受能力較低，即便只是承受相同程度的壓力，產生的影響可能會比一般人更加嚴重。

許多HSP長期處在慢性過度壓力的狀態下，開始出現各種麻煩的症狀，如自主神經機能障礙、突發性的恐慌，或是慢性疲勞症候群等。

因此我接下來想要解釋壓力、神經、神經傳遞物質（neurotransmitter）這三者的關係。在解釋的過程中，會提到三組神經系統，分別爲多巴胺（dopamine）神經系統、血清素（serotonin）神經系統，以及去甲腎上腺素（noradrenaline）神經系統。

多巴胺神經系統是由神經傳遞物質多巴胺所組成。這個位於前額葉皮質外側面的神經系統，還可分爲「獎賞系統」及「恐懼系統」。

當我們心裡想著「在這個工作上只要表現得好就能升遷」，我們就會更加賣力工作。多巴胺的獎賞系統，就是一種藉由獎賞（升遷）讓我們產生行爲（努力工作）的系統。這組連結著前額葉皮質的系統除了能讓我們產生動力之外，與先前提到的樂觀腦也有所重疊。

然而問題在於「恐懼系統」。這組系統連結前額葉皮質的外側面與杏仁核，而杏仁核是悲觀腦的主要部位。

當慢性的過度精神壓力長期持續時，多巴胺的分泌量會增加，活化「恐懼系統」，杏仁核的機能也會變得更加旺盛，令人陷入更強大的不安與恐懼之中；還不僅如此，看待事物的想法會變得越來越悲觀，又會產生新的壓力，而新的壓力又會激發出更多多巴胺，導致「恐懼系統」更加活性化，形成惡性循環。

有趣的是野生動物大多害怕巨大的聲響，卻又具有聽到聲響會主動靠近的習性，這正是因爲「恐懼系統」及「獎賞系統」都屬於多巴胺神經系統，兩者同時發揮了作用的緣故。

多巴胺神經系統會讓前額葉皮質的外側面活性化，而血清素神經系統則會讓前額葉皮質的內側面活性化。

相信很多人都曾聽過，血清素是維持舒適睡眠與精神安定所不可或缺的物質。此外，血清素也具有讓思緒保持清晰、維持朝氣與活力、減輕疼痛等效果；不僅如此，血清素神經系統還能提高「同理心迴路」的機能。

當慢性的過度壓力長期持續時，血清素也會分泌過量，讓人陷入與憂鬱相反的躁症狀態。躁症狀態如果持續時間過長，血清素大量分泌，最後就會枯竭，反而會使得血清素神經系統機能減退，導致心情低落、憂鬱或神經緊繃的狀態。

神經的緊繃現象，是去甲腎上腺素神經系統造成的過度清醒狀態

神經常常處於緊繃狀態，也是HSP的特徵之一。

所謂的神經緊繃，實際上應該稱之爲腦部的過度清醒狀態，是指大腦因爲太過清醒而難以休息，造成失眠、警戒心過強、容易受到驚嚇等現象。

過度清醒是因去甲腎上腺素神經系統太過旺盛所造成。HSP往往具有神經容易緊繃的問題，正是因爲去甲腎上腺素分泌量較一般人爲多，導致去甲腎上腺素神經系統太容易活性化的關係。

去甲腎上腺素神經系統的活動，也很容易因慢性的過度壓力而變得旺盛。原

本就容易神經緊繃的ＨＳＰ，如果又長期維持在慢性過度壓力的狀態下，去甲腎上腺素神經系統持續活性化，結果就會造成神經加倍容易緊繃。

另外，當去甲腎上腺素神經系統的活動過於旺盛的時候，負責發揮抑制功能的機制正是血清素神經系統，但是血清素神經系統也容易因慢性壓力的長期累積而枯竭，導致機能減退。如此一來，去甲腎上腺素神經系統機能過盛的問題無法受到控制，過度清醒可能也會變成常態。

自律神經與ＨＳＰ的關係

ＨＳＰ因過於敏感而容易感受到壓力的問題，也可能對自律神經造成影響。自律神經可分爲交感神經及副交感神經。當一個人清醒時，由交感神經掌握主導權；而當一個人處於睡眠或放鬆狀態時，則由副交感神經掌握主導權。

在一般情況下，交感神經與副交感神經會形成抗衡作用，就像蹺蹺板的兩端，當一方的機能較高時，另一方的機能就會減低，人體的體溫跟血壓能夠維持在一定的範圍內，也是拜這個抗衡機制所賜。

但HSP由於神經容易緊繃的關係，不僅交感神經往往較爲強勢，而且抗衡機制時常無法正常發揮作用，導致交感神經與副交感神經同時處於旺盛活動的狀態。

在這樣的身體特性之下，如果又長期維持慢性壓力狀態，交感神經與副交感神經的機能會繼續向上攀升而且不再下降。一旦當這個亢奮狀態超過了身體的負荷極限，神經活動就會完全停止，造成突然昏厥或虛脫的症狀，這個現象就稱爲「過臨界抑制」。

我們偶爾會聽到偶像明星在演唱會上昏倒的新聞，那正是因爲過度亢奮導致交感神經與副交感神經的機能同時異常攀升，發生了過臨界抑制現象的緣故。

到目前爲止，我們談到了多巴胺、血清素、去甲腎上腺素，以及自律神經這些神經系統，要讓它們的機能維持安定，首要條件就是適當消除自身的壓力。本書在第3章會介紹一些消除壓力的「練習」，請務必嘗試看看。

為何容易受傷？為何感覺活得很痛苦？

容易產生依戀障礙

ＨＳＰ常受聲音或氣味困擾、因太過在意一些事而感到疲累、面對陌生人或來到陌生場所會感到緊張、無法同時處理兩件事情……。

ＨＳＰ有著敏銳感覺及高度同理心等優秀特質，卻也爲此付出了不少代價。光是這些「弱點」，就讓ＨＳＰ的生活比一般人更加艱辛。

但是大多數ＨＳＰ除了這些弱點外，往往還必須忍受太過敏感所造成的各種衍生問題及二次傷害。其中最大的問題，就是ＨＳＰ大多帶有依戀障礙，因此無法自我肯定，無法建立「安全基地」，經常感到不安與恐懼，不容易與他人建立人際關係。

依戀障礙中的「依戀」，指的是每個人從出生到三歲之前（尤其是在一歲半的臨界期，也就是接受刺激時會產生最大效果的時期），與雙親（或養育者）建立的互動關係。

當父母在擁抱嬰兒、對嬰兒說些關心的話，或是餵奶的時候，親子之間會出現心靈交契的現象，這就是所謂的「依戀關係」。

順利與雙親建立起依戀關係的孩子，會在每一天的成長中確實感受到自己是個「有資格被愛的人」，是個「擁有存在價值的人」。換句話說，孩子的心中會產生自我肯定感，逐漸開始擁有自信。

不僅如此，而且被愛、被守護的感覺會讓孩子產生絕對的安心感。一個讓孩子感覺能保護自己、讓自己非常安心的人，就是孩子的「安全基地」。擁有安全基地的孩子不會因擔心遭到拋棄而恐懼不安，他們能安心地到外頭的世界探索，因為他們知道就算失敗、受傷了，也能回到安全基地安心療傷。

可惜有些孩子無法與雙親建立良好的依戀關係。

有些父母就是無法對孩子付出關愛，有些父母則是有虐待孩子或不當對待的問題。由這樣的雙親扶養的孩子，因為無法與父母建立依戀關係，導致孩子心裡沒有被愛的感覺，也沒有受到保護的安心感，也因而無法肯定自我、也無法擁有安全基地的不安定狀態，就稱爲依戀障礙。

並非只有ＨＳＰ的孩子會產生依戀障礙的問題。非ＨＳＰ的孩子之中，依戀關係不安定的例子也相當多。但就我身爲臨床醫生的經驗，ＨＳＰ帶有依戀障礙問題的比例相當高。

我剛剛只談到了由雙親所造成的依戀障礙，但是ＨＳＰ的孩子本身也有一些容易造成依戀障礙的問題。

ＨＳＰ天生對感覺刺激相當敏感，而且容易感覺到強烈不安與恐懼，因此在嬰兒時期可能會因爲睡覺時房間太暗而連續哭鬧好幾個小時，所以ＨＳＰ的嬰兒往往問題較多、較難照顧。

當嬰兒問題多、難照顧的時候，父母就會累積壓力。一旦累積了壓力，父母心中可能就會產生「這孩子的哥哥（姊姊）比較乖巧可愛」的想法。

而且更麻煩的是，父母的心中只要有一點點壓力或不愉快，敏感的ＨＳＰ孩子馬上就會發現。

此外，有時母親可能只是因故有一個星期左右不在家，ＨＳＰ的孩子就會感到不安與受傷，導致親子關係出現問題。

如果是非ＨＳＰ的孩子，有些小事可能根本不會在意，當然也不會受傷。因此就這點而言，ＨＳＰ的孩子要與父母建立良好依戀關係是比較困難的。

一旦沒有建立好依戀關係，孩子就會覺得原本應該最愛自己的父母並沒有非常愛自己，進而可能就會認爲自己是個「沒有價値、不値得被愛」的人，無法自我肯定，對自己缺乏自信。連原本應該無條件關愛自己、保護自己的雙親都無法做到這一點，要建立人生中的安全基地當然也是難上加難。

ＨＳＰ的孩子原本就因杏仁核活動旺盛的關係，天生有著「恐懼迴路」機能過強的問題，如果又加上依戀障礙，當然會感覺生活之中充滿了恐懼與不安。

一旦產生依戀障礙，就會開始扮演「乖孩子」

ＨＳＰ容易感到不安，因此往往從小就學會察顏觀色，隨時都在想著「做了這件事會有什麼後果」。

一旦認爲自己的行爲會惹怒他人，ＨＳＰ的孩子就會選擇壓抑自己的主張及感情，照著他人的吩咐去做，這正是因爲杏仁核的機能太強，容易自我否定所導致。

從小無法與雙親建立良好依戀關係的孩子，大多會產生「如果不能符合雙親的期待，就無法獲得雙親的關愛，自己也會無法存活下去」的不安。當然，HSP的孩子也不例外。

這樣的孩子會認爲自己不具任何價值，沒資格被愛，隨時可能被拋棄，因此心中會有著強烈的「害怕遭拋棄的不安」。

爲了不讓自己被拋棄，孩子只能盡量做出符合雙親期待的行爲。因此在做任何事時都會觀察父母的臉色，而且不像一般孩子一樣會頂嘴或反抗。不僅如此，因爲相當清楚父母的喜好，因此往往會在父母吩咐之前，就做出父母期望的舉動，讓父母開心。

「如果在家裡也無法獲得重視，自己在這世上，將沒有能夠活下去的棲身之所。」因此孩子會拚命贏得父母的嘉許，什麼事情都要追求完美，當然也會爲了獲得好成績而努力念書。

大部分容易感到不安又背負依戀障礙的HSP孩子，都會像這樣持續扮演父母及老師眼中的「乖孩子」，但扮演「乖孩子」會造成一個嚴重的問題，那就是孩子的主觀意識無法成長，最後會喪失「自我」。

長期壓抑自己的感受及心情，從不表達自己的主張，久而久之就會喪失表達主張的能力。這種孩子不敢說「不」，不知如何拒絕他人，有時甚至會在長期隱瞞心情後搞不清楚自己眞正要的是什麼。

有些案例則是在進入青春期後，孩子感覺再也無法繼續忍氣吞聲，原本極度壓抑的感情瞬間爆發，強大的怒火造成親子之間的嚴重衝突。

小時候爲了得到父母讚賞而壓抑下「想要快樂遊玩」或「想要過輕鬆自在的生活」之類心情的人，由於這些心願從小就無法實現，長大後也往往會抱持悲觀心態，覺得「人生充滿了痛苦」，或是認爲「反正做什麼都不會成功」。

想要獲得父母讚賞的心願，也可能導致「做事一板一眼」或「絕不容許失敗」的完美主義心態。如此一來，就算只是犯了一點小疏失，也會覺得「自己眞是個沒用的人」而深深受到傷害，整天鬱鬱寡歡。

容易陷入喪失自我或共依賴關係

抱持強烈不安且帶有依戀障礙問題的人，會感到內心相當寂寞，因此大多會向朋友或戀人尋求緊密結合的關係。唯有與他人融為一體，才能不感到寂寞，但若分開，又會感到寂寞難耐。

如果HSP抱持著依戀障礙，大多會與對方產生共依賴（co-dependency）關係。地位可能是在對方的之上，也可能是在對方之下，但這樣的人際關係是相當不自然的。

我在前文中也提過，每個人都有著區分自己與他人的「分界線」。在這條分界線的內側，必定有一道「自我軸心」。所謂的自我軸心，就是一股認定自己與他人不同，一切以自己爲主要考量的信念。

如果失去這道自我軸心，就會漸漸搞不清楚自己的需求、感受及想法，這就稱爲「喪失自我」。因喪失自我而痛苦煎熬的生活，其根源就是無法自我肯定、擔心遭到拋棄、空虛感，以及深切的悲傷感。

如果建立起互相尊重、互相認同對方獨立性的關係，雙方照理來說都不會侵入對方的分界線內，也不允許對方越界。雙方會爲了保護自己的分界線而拉開適當距離，而且也會很清楚應該怎麼做才能維持這個關係。

但對於陷入依賴狀態的人而言，「保持適當距離」會讓ＨＳＰ感到寂寞難耐，因此便會想方設法地與對方建立緊密結合的依賴關係，藉此排遣寂寞。然而這樣的關係持續了一陣子後，受到依賴的一方會因爲難以承受而選擇離開。

離開的一方雖然會感到如釋重負，但被拋棄的一方卻會深深受傷，內心的寂寞會比兩人相遇前更加強烈。

想要擺脫這道寂寞的枷鎖，重點就在於必須強化自身的「分界線」及「自我軸心」，而且學會保持適當距離的技巧。關於這些，我將在下一章的「練習」中詳述。

「去神經性高敏感」不足，會造成敏感

ＨＳＰ的感覺過敏有時必須將來自雙親或他人的虐待納入考量。此處的關鍵

字是「去神經性高敏感」，以下先針對這個症狀進行解釋。

因意外事故而失去手或腳的身障人士，有時會感覺到明明已不存在的手或腳傳來陣陣疼痛，這種奇妙的現象就稱爲「幻肢痛」。假設有個人失去了手腕，在失去手腕之前，手腕接收到的感覺刺激都會傳到大腦的感覺區，活化神經細胞，讓這個人感覺到「好痛」或「好癢」。

但是失去了手腕之後，再也不會有刺激訊息自手腕傳達至大腦，因此大腦感覺區的神經細胞就會爲了尋求刺激而增加受體或突觸，因而使得大腦對感覺刺激的敏感程度提高，導致感覺與一般狀況不同的「知覺異常」，或是明明不可能感到疼痛、卻感到疼痛的「痛覺過敏」。

這些症狀就算服藥也很難改善，但是可以利用鏡子營造出斷肢的運動錯覺，藉此減緩疼痛。

另外還有一種因突然停止服藥而產生的神經過敏症狀，稱爲「高敏感性精神病」。與「去神經性高敏感」類似，是因爲突然中斷了原本持續服用或施打的藥物，造成神經細胞的受體大量增加。只要恢復用藥，症狀就會消失。

至於虐待或不當對待的情況，目前學界已知特定神經迴路會受損，並導致相關神經細胞受到活性化，亦有報告指出能以治療的方式恢復神經機能。神經系統有著「輸出依賴性原則」，只要依循某種特定目的進行活動（輸出），就會建立起神經迴路。同樣的道理，「去神經性高敏感」也能藉由依循某特定目的的活動來加以改善。關於「輸出」的重要性，將於第3章詳述。

HSP天生感覺過於敏感，如果又遭父母或他人施予言語或肢體上的暴力虐待，便可能出現「去神經性高敏感」症狀，變得更加敏感。

依戀障礙方面也是相同的道理。得不到雙親關愛的孩子會更加強烈地追求關愛，或許也可算是一種「去神經性高敏感」。

HSP是負責察覺危險的「煤坑裡的金絲雀」

根據研究，不論是任何國家、任何社會，平均每五人就有一人是HSP，甚至有一派認為就連貓、狗、猴子或老鼠等動物也是每五隻就有一隻HSP。

或許這意味著不管是什麼樣的社會或集團，要能夠正常運作且延續種族後代，就必須包含大約兩成的高敏感的人（或動物）。

ＨＳＰ經常被比喻為「煤坑裡的金絲雀」。在從前的時代，煤坑的礦工會把金絲雀帶進煤坑裡。這是因為煤坑內部經常會冒出有毒氣體，當有毒氣體的濃度太高時，就有可能發生大爆炸。而金絲雀是一種相當敏感的鳥類，只要嗅到一絲有毒氣體的氣味，就會變得相當激動，所以可當作煤坑裡的「警報器」。

ＨＳＰ中，有不少人患有化學物質或電磁波過敏症。

如今地球上充斥數不盡的化學物質及電磁波，與從前的時代已有天壤之別。在未來的時代，化學產物及釋放電磁波的儀器只會增加而不可能減少。大海、河川、空氣及土壤受汙染的情況越來越嚴重，我們的健康及生命安全可說是持續暴露在危險之中。

擁有敏銳感覺的ＨＳＰ不僅能夠比非ＨＳＰ更快察覺危險，而且還以自身健康惡化的方式為世人發出警訊。

每五人就有一人的ＨＳＰ，確實肩負起了「煤坑裡的金絲雀」的職責。

而且就另外一層意義上，ＨＳＰ也是這個社會所不可或缺的人才。積極進取、勇於嘗試，對任何事情都充滿好奇心的ＨＳＳ就像是社會的「油門」，能夠為整個社會帶來重大變革，帶領全人類開創嶄新的歷史。

但一輛車如果只是拚命踩油門，遲早會發生意外，甚至可能會釀成巨禍。因此在社會上，還得有人扮演「煞車」的角色才行。而最適合扮演「煞車」角色的人物，就是深思熟慮、注重心靈成長、擁有接近膽怯的慎重性格、每五人之中就有一人的ＨＳＰ。

正因為這世上除了作風高調的ＨＳＳ之外，還有低調穩重的ＨＳＰ，瞬息萬變的社會才能稍微放慢變化的速度，維持良好的平衡。

只有ＨＳＰ能營造出的舒適感

拯救人類、開創歷史這種話在某些人聽來實在是太過不著邊際，但是請放心，就算我們把視野拉回生活周遭，也會發現很多ＨＳＰ能夠大展長才的場合。

譬如一個大約五人的小團體舉辦了一場聚餐。這五人之中有沒有ＨＳＰ，氣氛可能截然不同。ＨＳＰ雖然沒有辦法炒熱或帶動氣氛，卻會做很多不起眼但貼心且恰到好處的舉動。

由於ＨＳＰ很擅長察言觀色及掌握周遭狀況，所以就算是所有人都聊得正開心，ＨＳＰ也能察覺飲料或食物不夠了，而且能在不打斷眾人興致的前提下，找機會詢問眾人「要不要再點些什麼」，並且負責向店員點餐。

如果ＨＳＰ這時露出彷彿訴說著「我很貼心吧」的驕傲表情，周圍的人可能會覺得很厭煩，但ＨＳＰ從不把自己的貼心當成炫耀的手段，因為敏感的ＨＳＰ知道如果這麼做，只會引起眾人的反感。

假如有個人，他原本在聚餐時總是談笑風生，這天卻偶爾會流露心事重重的表情，或許也只有天生擁有犀利直覺的ＨＳＰ會察覺。加上ＨＳＰ具有同理心且心地善良，所以能夠帶著溫柔的笑容向對方傳達「如果有什麼煩惱，隨時可以找我商量」的訊息。

雖然ＨＳＰ在聊天過程中通常是以聆聽居多，但在其他人說著逗趣玩笑話的時候，正因為有ＨＳＰ帶著穩重、內斂的笑容傾聽眾人說話，聚會才能保持適度的秩序及擁有溫暖、和諧的氣氛。

ＨＳＰ的人生並不輕鬆。但既然身爲每五人中只有一人的ＨＳＰ，這也意味著自己擁有其他四人所沒有的美好性格及能力。

不安的基因會因環境影響發揮作用

ＨＳＰ擁有比他人更早察覺危險、並提出警告的能力，因此在人類的種族延續上，可說是相當重要的武器。ＨＳＰ的敏銳感覺及感受性，能成爲豐富創造力的泉源；而高度同理心所展現出對他人的關懷，也能成爲人際關係的潤滑油。

ＨＳＰ雖然擁有這些優異的性情與特質，但也有著脆弱易受傷的心靈，有時甚至會覺得光是活著就是一種極大的煎熬。

感覺生活煎熬的主要原因之一，是ＨＳＰ往往長期處在不安的狀態之中。

由於不安感太強，ＨＳＰ可能會不惜拋棄「自我」，在他人面前長期扮演一個「乖孩子」；加上不容易與雙親建立穩定的依戀關係，所以ＨＳＰ難以自我肯定，也很難獲得「安全基地」。

而不安感太強的原因，是ＨＳＰ的腦中杏仁核天生活動旺盛。說穿了，就是的體內有著杏仁核容易變得活動旺盛的基因。

話雖如此，但並不表示ＨＳＰ只能認命。

就算天生帶有容易不安的基因，只要後天環境安排得當，也有可能讓不安的基因不發揮作用。這種顛覆傳統遺傳學觀念的思維方式，稱爲「表觀遺傳學」。

這個學術領域注重的不是基因是否存在，而是存在的基因是否發揮了作用。而基因是否發揮作用，與後天環境有著密不可分的關係。

就算是有著杏仁核活動較旺盛的基因，只要出生在十分安全及安心的家庭環境裡，在雙親的關愛呵護下長大，讓杏仁核活動旺盛的基因就有可能不發揮作用；而位於前額葉皮質的「內心理論迴路」變得活性化的基因可能反而會有所發揮，這樣就能夠以較客觀的角度來審視自己。

實際上只要雙親將孩子的ＨＳＰ特質視爲美好的優點，不斷給予鼓勵，孩子應該就不會產生擔心遭到拋棄的恐懼，而且也不必壓抑自身感情只爲了扮演「乖孩子」。在這種環境下長大的HSP就算有著杏仁核容易變得活動旺盛的基因，也不會發揮作用。

如此一來，HSP就能一方面擁有犀利的直覺與強大的感受性及同理心，一方面卻又沒有不安感太強的困擾。只要除掉了不安感，當然也就不會感到活得很痛苦或容易受傷。

懂得尊重孩子的特質並且鼓勵孩子加以發揮的雙親，不僅能讓孩子獲得自我肯定感，而且也能成爲孩子人生中的「安全基地」。孩子雖然身爲HSP，還是能夠充滿自信，成爲一個擁有「自我」的大人，在自身的周圍確實圍繞起保護自己的「分界線」。

在這樣的狀況下，讓杏仁核活動旺盛的基因就不容易發揮作用。而且在「表觀遺傳學」的觀念裡，這個HSP會將得自環境的「讓杏仁核活動旺盛的基因不容易發揮作用」的特質遺傳給下一代。

基因雖然是與生俱來，但是否發揮作用會因成長環境的刺激而改變。

這同時也意味著即便孩童時期無法與雙親建立良好關係，或是不安的基因已開始發揮作用，只要長大後置身在良好的環境之中，還是有可能讓原本已發揮作用的基因再度失去作用。

有時也許只要出現一個願意理解、信賴及關愛自己的人，成爲自己的安全基地，或許就能讓體內的不安基因失去作用。

除此之外，若是能參考下一章所介紹的各種「練習」，靠自己的力量建立一個讓自己活得更輕鬆的環境，或許也能讓體內的不安基因失去力量。

這十九個練習，能以各種角度幫助ＨＳＰ「活得更輕鬆」。有些是避免受傷的小技巧及處世之道，有些是學習如何接納自己，有些則是抱持慈悲心的心理建設及人生哲學。

只要確實加以運用，或許就能徹底消除ＨＳＰ的易受傷及生活煎熬等煩惱。現在就讓我們趕緊進入第3章吧！

第三章
保護自己的日常練習

1. 維持自己的步調

HSP容易疲勞，絕不讓自己過於勞累

為自己訂下「規則」，避免太努力工作

HSP會接收來自外界的大量刺激，進行深入分析，而且隨時觀察著周遭變化，掌握場面氣氛，對他人的感受也相當敏感。這樣的特質，讓HSP的日常生活相當耗費心神，身心都相當容易疲倦。

而且HSP對來自外界的刺激非常敏感，對來自內部的刺激卻相當遲鈍，有時明明已經很累了，自己卻沒有察覺。

容易疲累卻又不容易察覺，這讓HSP常常處在過度努力的狀態下。

通常當HSP對自己說「我要再加點油」的時候，身心已經過度疲勞了。正

因爲已耗盡精力，才需要靠爲自己加油打氣來振奮精神。

疲憊的時候，不僅能力會下降，還很容易因他人的一句無心之語而受傷，粗心的疏失也會增加。因此爲了保護自己的心靈，ＨＳＰ必須隨時提醒自己「別努力過頭」，在還沒有「感到疲累」的時候，就要多讓自己休息。

不讓自己太過努力的技巧，就是盡可能遵守自己訂下的「規則」。

訂定規則的方式，是依照過去的經驗，評估自己大約在什麼情況下會感到疲累，如「一星期最多只能加班兩天」或是「就算加班也要在七點前離開公司」等。

當然任何工作都有完成期限，而且有些工作讓人不得不加班，因此現實生活中要完全照著「規則」走並不容易，但只要心中有一套明確的「規則」，至少能夠知道自己「目前已違反規則的嚴重程度」，並且對自己提出警告，相信這能對防止自己太過努力有所幫助。

訂下「規則」之後，如果能夠寫在紙上並且大聲唸出來，效果更佳。

訂下「聚餐每兩次只能參加一次」或「不參加續攤」的規則

職場內總有推不掉的「活動」。有時是被同事或上司邀去聚餐，有時是被坐在隔壁的資深同事邀去逛街購物，這些都是有助於提升職場人際關係的潤滑油。

但由於HSP太過容易疲累，參加這樣的活動除了必須忍受噪音之外，還很耗費心神，讓自己陷入疲累的狀態。爲了保護自己的健康，建議訂下一些規則，例如每兩次就要拒絕一次，或是不參加續攤等。

HSP不擅長拒絕他人，很容易會因爲盛情難卻而參加聚餐，甚至連後來的續攤也推不掉。此時如果有一套明確的規則，相信能發揮相當大的「遏止效果」。

拒絕的時候，建議依照當下的心情及感受，譬如「我今天有點累，想早點回家休息」等。HSP因爲心地善良，就算只是撒個無關緊要的小謊，表情也會變得極爲僵硬；但其實說謊有時相當方便，只要是不會傷害他人的謊言，說了也無傷大雅。

不過如果邀請的人是上司，就必須多加一些潤飾，在不讓上司丟臉的前提下巧妙拒絕，這不僅是身爲社會人士的常識，也是對上司的禮貌。

婉拒的重點有三個，分別是①對上司的邀約表達感謝之意，②強調自己「其實很想參加」，③提出替代方案。以下舉個實際的例子：

「非常感謝您的邀請（①），我眞的很想參加（②），但我今天已經跟別人有約了，非常抱歉。期待不久之後的春酒（③）。」

雖然拒絕了邀約，但確實傳達出感謝之意及很想參加的心情，並能讓對方感覺自己的邀約受到重視。最後再提出替代方案，表示「期待下次的機會」，上司既不會感到不受尊重，面子也保得住。

如果害怕說得結結巴巴，可以先把要說的話寫在紙上，並且反覆練習幾次。訣竅就在於必須眞心誠意，確實傳達自己的心情。

2.

建立自己的私人空間

必須擁有一個能遠離壓力，並能感到安心與安全的場所

「覆蓋法」能有效減少噪音帶來的困擾

想要過平穩、安定的生活，擁有一個讓自己安全又安心、身心能獲得休養的空間是不可或缺的，這個空間通常就是自己的家。

在這個空間裡，不會有人對你口出惡言，沒有心靈受傷的風險，因此能夠感到「安心」；在這個空間裡，跟走在街上不同，不會被車撞或遭遇扒手，因此相當「安全」。

HSP因抗壓能力低，而且容易疲勞，所以這個安心又安全的「私人空間」

對HSP的重要性遠大於對一般人。HSP需要一個沒有其他人的寧靜空間，才能夠從一天的壓力中獲得解放，並且消除疲勞。

不過由於HSP對一般人不會在意的聲音、光線或氣味特別敏感，因此要獲得一個能夠安心又安全的空間，其實需要耗費一些心思，而且多少需要一點勇氣與覺悟。

狗叫聲、公寓樓梯的上下樓腳步聲、附近的汽車或電車聲、隔壁鄰居的說話聲……對神經相當敏感的HSP而言，都是難以忍受的噪音，甚至可能會讓HSP陷入焦躁、失眠或憂鬱等症狀。

如果裝設隔音牆在現實中難以做到，可以利用「覆蓋法」這個有效的小技巧。簡單來說，就是以自己所製造出的聲音覆蓋掉外界的聲音，譬如播放自己喜歡的音樂等，如果不是太嚴重的噪音，「覆蓋法」往往可以發揮不錯的效果。

就算是在辦公室裡，「覆蓋法」也是一種很有效的做法。如果其他同事的打字聲、抖腳聲、說話聲（尤其是講電話的聲音）令你感到難以忍受，你可以試著戴上耳機，聽一些輕柔的音樂。

不過在家裡總不可能二十四小時播放音樂，而且有些HSP對聲音實在太過敏感，可能連音樂聲也難以忍受。

像這種情況，唯一的解決辦法就是阻止聲音的源頭繼續發出聲音。但如果直接登門拜訪、與對方進行溝通，雙方或多或少會留下一些心結。一旦跟街坊鄰居鬧得不愉快，這個家就再也稱不上安心及安全，因此最好委託房仲業者或房東等第三者前往交涉。

然而站在發出聲音者的立場來看，這些可能只是一般日常生活必定會發出的聲音，到底算不算噪音，只能憑主觀認定，所以往往會演變成各說各話，最後很可能得歸咎於房屋的隔音效果太差。因此要完美解決居住上的噪音問題，可說是相當困難。

如果對聲音眞的感到難以忍受，已經陷入長期失眠的狀態，最後只能選擇搬家一途。如果噪音來源是汽車聲或電車聲，搬家當然也是唯一選擇。

我認識的一個HSP朋友，他曾經才剛搬家不久，就因爲無法忍受外頭的車聲，僅僅住了一個月又再次搬家。原本這個朋友的存款就不多，連續搬了兩次家，幾乎把積蓄都花光了。但他說自從搬走之後，晚上終於睡得著，憂鬱症狀也改善了，因此他認爲當時的決定是正確的。

或許有些人會認為噪音只要別太誇張，待久了自然就習慣了。但以ＨＳＰ而言，「習慣噪音」是幾乎不可能發生的事情。因此ＨＳＰ最重要的心態，是別讓自己置身在「不良的環境」中。想要獲得安心又安全的空間，往往必須耗費金錢、時間與心神，而且必須抱持若有必要，不惜搬家的勇氣與決心。

以遮光窗簾阻隔光線，以香氣覆蓋惱人氣味

來自外界的感覺刺激，只要花點心思就能想辦法加以排除。光線就是最好的例子。如果覺得窗外的路燈實在太刺眼，只要立即換上遮光窗簾，就能幾乎百分之百遮蔽。

如果覺得家裡有惱人的氣味，則可以利用「覆蓋法」，以自己喜歡的香味加以覆蓋。擺個香精罐或點個香精燈，不僅能散發香氣，還能當作漂亮的擺飾。如果想讓較寬廣的空間確實充滿香氣，則建議使用電子香氛機。

不過由於多數ＨＳＰ對化學物質過敏，建議挑選無化學成分、百分之百的純天然香草製品。

如果是皮膚較敏感的人，則建議穿著無縫針織衣。這種衣物的特色在於整件全是由同一部機器織成，腋下及肩膀處不會有接縫，也就不用擔心腋下等接縫處產生搔癢感，皮膚能獲得較舒適的感受。

3. 嘗試遠離化學物質及電磁波

你可能也患有化學物質過敏症或電磁波過敏症

使用純天然成分的肥皂

現代人每天都暴露在大量且種類繁多的化學物質之中，這些化學物質可能會讓敏感的HSP產生劇烈排斥反應。

如果你也有頭痛、噁心、咳嗽不止、倦怠、容易憂鬱等症狀，或許也患有化學物質過敏症，建議試著遠離化學物質。

例如停止使用合成清潔劑。不管是洗衣精、洗碗精，還是洗髮精、沐浴乳，大多都使用了大量化學物質作為合成時的界面活性劑（surfactant）或芳香劑。

除了清潔劑本身之外，配合使用的柔軟精、潤髮乳、護髮乳等，也絕大多數含有化學物質，染髮劑當然也不例外。

請你試著將目前使用的產品更換成天然成分的產品。只要上有機商店逛一逛，相信就能買到無添加物的固形天然肥皂，以及同樣無添加物的洗衣肥皂。

不管是洗澡或是洗頭髮，都請使用純天然肥皂。若以純天然肥皂洗頭髮後覺得太乾澀，可以準備一盆熱水，滴入一、兩滴荷荷巴油及醋，當成潤髮乳使用。醋可以中和肥皂中的鹼性成分，油則是相當好的保濕劑。如果不使用荷荷巴油，也可以使用角鯊烯或橄欖油。

醋也可以用來當作衣物柔軟精。只要在最後一次洗滌時，在水裡加入約三、四大匙的醋就行了。不僅衣服洗完後會非常柔軟，還有防臭及防靜電的效果。

我有個長年為皮膚搔癢所苦的朋友，他原本使用的是某知名品牌的芳香洗衣精，後來改成無添加成分的粉狀洗衣肥皂後，皮膚搔癢及紅腫的問題頓時獲得改善，由此可知「排除化學物質」確實有一試的價值。

純天然肥皂也可以當成洗碗精使用，而且價格大多比含有香味的合成洗碗精便宜得多。

除此之外，止汗劑及淡香水、古龍水也要特別注意。如果含有化學物質，就有可能引發過敏。

衣物用防蟲劑也可能經由衣物接觸皮膚，建議使用百分之百天然成分的產品。某些知名品牌也販售百分之百天然成分的防蟲劑，不僅防蟲效果極佳，取得也相當容易。

我們在日常生活中會吃下許多種類的化學物質，甚至有人說我們平均一年就會吃下約四公斤的食品添加物。常見的食品添加物包含防腐劑、著色劑及保存劑等，這些都是化學物質。想要完全不吃進化學物質，基本上很難做到，但我們盡可能避免食用含有大量添加物的食品。

常見含有大量添加物的食品包含速食食品、碳酸飲料、化學調味料，以及便利商店或超市所販賣的便當、飯糰、三明治及其它加工食品。

盡量在家裡自己做飯，以小魚乾等物熬煮高湯來取代化學調味料，雖然有些麻煩，但對於容易過敏的人可說是相當重要的生活習慣。

就如同花粉症一樣，即便現在沒有化學物質過敏症，但如果化學物質在體內長期累積，還是有可能會在某一天突然爆發。不管是清潔劑還是食品，ＨＳＰ都應該盡量避免含有化學物質的產品。

試著停止使用微波爐，且盡量遠離智慧型手機

電腦、手機、微波爐、電視機……我們的生活周遭可說是充斥著會釋放電磁波的機器，因此跟從前相比，罹患電磁波過敏症的人也有顯著的增加。在我的醫院裡，也有不少苦惱於電磁波過敏症的病患，而這些人絕大部分都是ＨＳＰ。

電磁波過敏症的症狀包含頭痛、眼睛痛、皮膚泛紅、鼻塞、暈眩、呼吸困難、心悸、手腳痠麻等，每個人的症狀不盡相同。如果你也長期患有上述這些症狀，而且找不出原因，建議你試著遠離電磁波。

某位女士寫信告訴我，她在我寫的書中得知了關於電磁波過敏症的事，於是試著遠離手機、電腦、微波爐等一切會發出電磁波的機器，困擾了她二十年的腸胃不適竟然就這麼不藥而癒了。

會放出電磁波的機器之中，較具代表性的有手機（包含智慧型手機）、電

腦、電磁爐、微波爐等。電腦、手機，雖然往往沒辦法說不用就不用，但可以試著在晚上關掉電源，並且盡量不要玩手機遊戲。

至於電磁爐及微波爐，就算完全不用應該也不會影響日常生活。只要像這樣多費一點心思，應該就能大幅減少暴露在電磁波中的時間。

4. 注意自己的情緒及感覺

只要感覺心情有點浮躁，就要把注意力轉移到自身的感受上

把注意力放在「情緒及感覺」上，能有效防止大腦負擔過重

ＨＳＰ容易感到疲累的理由，就在於接收到的訊息比一般人多得多。除了外在的各種刺激外，來自內在的夢境、妄想、白日夢、回憶情境等訊息也會占據腦海，因此ＨＳＰ的大腦容易陷入「超載」的狀態。若是長期維持在這個狀態中，要不感到疲累也難。

換句話說，要解決ＨＳＰ容易疲累的問題，最簡單的方式就是避免讓大腦陷入「超載」。而要避免這個狀態的重點，就在於不讓多餘的訊息湧入大腦，不管是來自外界或內部的訊息都一樣。要做到這一點的訣竅，就是把注意力放在「情

緒及感覺」上。

人類的大腦可以把注意力集中在外在世界，也可以集中在內在世界，或是集中在情緒及感覺上，這些情況所使用到的神經迴路都不相同。

換句話說，只要把關注的焦點放在情緒及感覺上，就能讓對應的神經迴路開始運作，而其它兩種情況的神經迴路就會停止機能。如此一來，就能同時阻擋來自外界及內在的訊息湧入大腦。以下說明具體的做法。

大腦發生「超載」的徵兆，是神經陷入緊繃狀態，此時胸口會隱隱感到焦躁不安，腦袋嗡嗡作響，無法思考。簡單來說，就是維持在隨時會引發恐慌的狀態。當發生這種情況時，就必須趕緊把注意力集中在情緒及感覺上。

試著詢問自己「現在我有什麼感受」，並且找出「我正在害怕」之類的答案。

原本只是令自己摸不著頭緒的焦躁狀態，如今有了「害怕」這個理由，光是這一點就是相當大的進步。能夠把自己的感受化爲語言，代表能夠客觀審視自己，理解及確認自身的心理狀態。只要能做到客觀審視及理解，就不用擔心會情緒失控而陷入恐慌。

尋找答案的過程雖然可能只是一眨眼時間，但把注意力集中在情緒及感覺上，就能確實阻擋內外的多餘訊息進入腦中。這個技巧還有一個好處，那就是能夠促使「內心理論迴路」開始運作，加強客觀審視自身的能力。

「說話」「書寫」及「扮演」的訊息輸出能讓你恢復精神

當你能夠將心中的恐懼化為語言時，就可以進入下一個階段，那就是實際把「我在害怕」這句話說出口。

說話具有防止大腦「超載」的功效。

為什麼說話能防止大腦「超載」？大腦會陷入「超載」的狀態，是因為大量的訊息處於停滯狀態。因此只要讓訊息不斷流動，避免陷入停滯，就能防止大腦「超載」。而要讓訊息流動，最有效的做法就是「輸出」。

所謂的「輸出」，就是把大腦當成電腦，命令其執行某種指令。簡單來說，就是「做出動作」。大腦必須進行輸出，人體才能做出動作，像是說話、書寫、做事、扮演……等，都可算是輸出，當然身體的運動也是。重點就在於不要只在心裡想，應該實際說出「我在害怕」這句話，藉由輸出來防止大腦「超載」。

如果想要增加輸出的量，就不要侷限在只說出「我在害怕」這句話，應該繼續觀察及分析自己的情緒及感覺，並且進行「實況轉播」。

例如：「我爲什麼會感到害怕……？因爲我準備把企畫書拿給部長看，部長一定會問很多問題。如果我回答不出來，或許會挨罵，所以我很害怕。」也可以把這些話寫在紙上，書寫的行爲也算是輸出的一種。

像這樣進行實況轉播或書寫，除了可以防止訊息停滯外，也可以藉此獲得深入探索及客觀審視自身心情的機會。

在這個時候，建議可以順便思考一下對策，這樣應該就能得到「我可以先把可能會被問的問題都寫下來，然後反覆練習，就不必害怕了」的答案。

「扮演」或是「把自己認定爲某個人」也是能夠防止「超載」的輸出方式。當發現自己正在害怕的時候，就把自己想像成幻想世界裡的超人、娜烏西卡（動畫《風之谷》的女主角），或是其他自己喜歡的堅強角色，讓自己徹底扮演那個角色。

如果你是個愛作夢的ＨＳＰ，經常沉浸在幻想的世界裡，那這個方法特別適合你。

如果因緊張或不安而感覺全身僵硬，就試著扮演強而有力的英雄或女英雄，演一場對抗可怕部長的戲碼。如此一來，相信你會感覺到胸口的焦躁與沉重感都消失了，心情變得輕鬆許多。這正是因爲原本已凝結的訊息又開始流動了。

5. 別發呆（盡量多動）

主動比被動較不容易感到疲累

什麼都不做的時候，反而最消耗腦部能量

HSP大多有著「被動」的性格，因此往往必須在他人採取行動後才會做出回應。但事實上，被動的處事態度只會讓自己更累，主動積極一點，反而往往能讓自己不那麼疲勞。

譬如同樣是皮膚接觸的現象，別人觸摸自己的身體跟自己觸摸別人的身體，往往是前者比較會讓自己感覺不舒服。明明同樣都是皮膚接觸，卻有著如此奇妙的差別。

若自己處在被摸的被動狀態，表示自己是在對方的掌控之下；但如果是自己

主動觸摸對方，自己隨時可以將手縮回。換句話說，雖然同樣是肌膚接觸，但「事情在自己的掌控中」的安心感能夠排除不安和不適的感覺，所以比較不容易感到疲累，這是理由之一。

另一個理由則與「預設模式迴路」有關。我在前文已介紹過，「預設模式迴路」是維持社會生活所不可或缺的「社會性腦」的迴路之一。

「預設模式迴路」並不必執行任何指令，是在平靜狀態下執行的腦部迴路。說得更明白點，就是什麼都不做的發呆狀態。

那麼，請你思考一下：當一個人面對著電腦努力工作，跟這個人什麼都不做地發著呆，大腦在哪一種情況下會消耗較多能量？

大多數的人都會認爲「當然是努力面對電腦打字工作的時候」吧？但事實上剛好相反。

有意識的大腦活動（例如工作）只會消耗全部大腦能量的5％，但什麼都不做的發呆狀態卻會消耗20％的能量。大腦在什麼都不做的時候，消耗的能量是執行某種作業時的四倍。一個人如果持續發呆，反而更容易感到疲累，正是因爲大腦必須消耗更多的能量。

如果隨時都處在被動狀態，等著接收他人的指示，或是只針對他人的舉動做出回應，大腦就容易進入「預設模式迴路」；相反地，如果主動、積極地思考接下來該做什麼，「預設模式迴路」就不會發生作用。如此一來，大腦的能量消耗降低至四分之一，當然也就不會感到疲憊。

簡而言之，被動比主動更容易使人疲勞。

或許大家會感到好奇，當一個人在發呆的時候，「預設模式迴路」到底在做什麼？

我在前文提過，當一個人把注意力集中在內心世界時，「預設模式迴路」就會開始運作。說得更具體點，此時大腦會回顧過去發生的事，並試著從中建立起未來的計畫，或是嘗試理解自己的內心狀態。

ＨＳＰ的美好特質之一，就是注重自己的內心世界，懂得自我審視。因此我們可以說，ＨＳＰ的「預設模式迴路」原本就比較容易發揮作用。

如果你因為太容易疲累而感到困擾不已，可以在工作上或是在私事上都提醒自己盡量主動一點。當然，在剛開始時請不要太勉強自己。

譬如在開會的時候，不要只是聽別人發言，偶爾自己也可以主動說話，就算只是一次簡短的發言，也是相當大的進步；當有人邀你聚餐時，你也可以積極提出「要不要去最近新開的那家日式餐廳」之類的建議，這也算是主動的行爲。

像這樣每天做一點小小的改變，不僅能夠逐漸體會主動積極所帶來的暢快，也有助於訓練HSP最不拿手的自我表達能力。

越早動手做，越不會覺得累

不管是工作或是家事，有時我們會很懶，不想動手開始做，這是每個人都會有的現象，並非HSP的專利。但HSP在開始做一件新的事情時，心態上會比較深思熟慮，所以起步前拖拖拉拉的情況會比較嚴重。

「眞不想做……但是不做不行……」，當內心陷入天人交戰時，大腦可能就會進入「預設模式迴路」，如此一來只會讓自己更累，不如早點把事情做完。

事實上當你開始用吸塵器打掃地板、或是開始打電腦時，你的內心感受會與拖拖拉拉時截然不同。

當大腦開始為了做某件事而「輸出」時，原本停滯的訊息就會開始流動，大腦的「超載」狀態也會獲得緩解，所以你會變得心情雀躍且精神奕奕。

我們並不是因為精神振奮了才採取行動，而是因為採取行動了才感到精神振奮。盡量做某件事讓大腦處於輸出的狀態，正是讓你的身心都充滿朝氣的精力來源。

6. 不願意就果斷拒絕

就算對方會受傷，也應該以自己為優先考量

沒辦法說不，會讓你活得更加痛苦

ＨＳＰ的特徵之一，就是沒辦法拒絕他人，沒辦法說「不」。

對ＨＳＰ而言，與其讓他人受傷或動怒，不如壓抑自己的心情或想法、順從對方的心意，自己反而比較輕鬆。加上ＨＳＰ若是帶有依戀障礙，往往會因擔心遭到討厭或拋棄而感到強烈不安，所以不敢拒絕他人的要求。

整體而言，ＨＳＰ具有犧牲自己的心情、想法或利益，以他人爲優先考量的傾向。事實上這也是讓ＨＳＰ感到活得很痛苦、容易受傷的主要原因之一。

站在每個人心中的「邪惡面」來看，一個不敢拒絕他人要求的人，正是最好利用的對象。一旦沒辦法拒絕他人，很容易被自私的人得寸進尺，遭到徹底利用，從頭到尾都被牽著鼻子走。如此一來，遭利用的一方當然會累積壓力，最後精疲力竭，或是因察覺對方的心態而深深受傷。

HSP擁有極強的同理心，懂得體諒他人感受，這雖然是相當美好的特質，卻也因爲這樣而無法拒絕他人，導致自己傷痕累累。爲了保護自己的身心，HSP必須學會如何拒絕，學會如何向他人說「不」。

他人在遭到拒絕之後，可能會受傷，可能會難過，可能會開始討厭你。光是想到這一點，HSP就會感到內心忐忑不安。但是像這種時候，還是應該明確拒絕對方，以自己的心情、利益及想法爲優先。

不過也不必爲此批評對方。拒絕對方是爲了尊重自己，不與對方撕破臉則是爲了尊重對方。

抱著「自己是自己，他人是他人」的心態，反覆練習拒絕的技巧

因暢銷書《被討厭的勇氣》（究竟出版社出版）而在日本聲名大噪的心理學

家阿德勒，也相當強調「不要把自己的問題與他人的問題混爲一談」的重要性。譬如當你拒絕了他人的要求時，他人可能會受傷，但那是他人必須解決的問題，並不是你的問題。

這聽起來相當冷酷無情，但唯有明確地區分彼此，才是尊重及認同雙方人格獨立性的唯一辦法。你與他人是各自獨立的不同個體。在尊重不同獨立個體的前提下，雙方的問題不該混爲一談，你也不該擅自干涉他人的問題。

而且仔細想想，如果因爲擔心對方受傷而不敢拒絕，站在對方的立場來看也是相當失禮的事。因爲那等於認定對方是「無法自己解決問題的人」，如此一來便刺傷了對方身爲人的尊嚴。

因此建議你把「問題互不干涉原則」謹記在心，並且爲了對應未來可能會出現的實際狀況反覆「預演」。

請回想最近無法拒絕他人的經驗，並且寫下來。接著在每一條紀錄的旁邊寫下「因爲無法拒絕而造成的後果」，例如「把自己搞得很累」或「事後非常懊悔」等，最後再寫下若未來發生相同狀況時，自己該以什麼樣的說詞及態度加以拒絕。

最重要的是在寫完之後，你應該實際說出那些話，反覆進行練習。

一個平常很少拒絕他人的人，在面臨拒絕他人的緊要關頭時，可能會因說話吞吞吐吐而失去了最佳時機。事先反覆練習將這些話說出口，眞的遇到狀況時，就可以說得流暢自然。

不過就算經過反覆練習，實際受到他人請託時，也還是有可能推辭不掉。這種時候千萬不要責怪自己。畢竟你可能長年來一直過著無法拒絕他人的生活，剛開始嘗試拒絕的前一、兩次當然沒辦法馬上成功，只要等待下一次機會就好了。

只要不放棄嘗試，最後一定能異常冷靜、面帶微笑地拒絕他人的要求。

或許有些人會因爲你不答應他的要求，而從此不跟你往來。如果發生這種事，你應該感到高興。這代表你終於不再是個能讓人隨便利用的人了。

一定有人在遭到你拒絕後，還是願意待在你的身邊。而且在這群人之中，你一定能交到好朋友。當你變得敢說「不」、敢拒絕他人之後，你應該可以跟朋友維持互相尊重、能吐露眞心話的關係，這是可以期待的未來。

7. 盡量多說積極樂觀的話

讓自己學會正面思考

改掉容易消極悲觀的壞習慣

HSP腦中的「悲觀腦」迴路特別容易活性化。但想要告別煎熬與痛苦，學會正面思考是個相當重要的條件。

以下這個例子經常被拿來形容正面思考與負面思考的差異：眼前有一杯水，喝掉了一半，樂觀的人會認爲「水還有一半」，悲觀的人則會認爲「水只剩下一半」。對於同一件事，每個人的解讀可能截然不同，但HSP通常受「悲觀腦」的影響較大，因此往往會認爲「水只剩下一半」。

腦袋裡的「悲觀腦」迴路較占優勢的人，不管遇上什麼事，都會自動作出悲觀的解讀。以悲觀的心態看待事物，已經成了這種人的壞習慣。

悲觀思考的最大壞處，就是會活化以杏仁核為主體的不安與恐懼迴路。大多數HSP容易神經緊繃、背負壓力及感到身心俱疲，最大原因之一，正是負面思考讓不安與恐懼迴路長期處於運作狀態而造成的。

以悲觀的眼光看待所有事物，不僅容易受傷，也會覺得活得很煎熬。如果想要活得輕鬆愉快，就必須盡量讓自己保持樂觀。就算是再微不足道的事情，譬如杯裡的水只剩下一半，也要想著「水還有一半」。

只要能夠保持樂觀，就不會因一點小事就悶悶不樂，受傷的機率當然也會大幅下降，生活也將不再痛苦。

構思「魔法語句」，並每天朗誦

想保持樂觀，就需要一些「魔法語句」來助你一臂之力。

一邊獨自朗誦帶有正面意義「魔法語句」，一邊做出各種動作，身體就會在不知不覺中因反射神經而產生反應，提升肌肉力量。

這種訓練法稱爲「積極心理暗示法」，英文爲「affirmation」，原本的意思是「肯定的宣言」，是利用語言的能量提升自身的力量的方法。

例如「向前看，不要向後看」「做我自己」「從前是從前，現在是現在」「別人是別人，我是我」「謝謝你，謝謝你」「辦得到，一定辦得到」等。只要說出這些正面的詞句，肌肉就會瞬間產生反射反應，湧出力量。

相反地，如果說出負面的詞句，同樣也會產生反射反應，讓力量消失。不論是任何時間、任何地點、任何人，甚至是身上任何一處肌肉，這個現象都可以反覆受到驗證，請你務必親自嘗試看看。

你可以挑選讓你最有感覺的詞句，當然也可以自己構思詞句。思考詞句的過程，也是一種勇敢面對人生、主動摸索人生的好機會。而且由自己創造出的詞句，最能撼動自己的心，帶來絕佳的正面思考效果。

建議你在每天的固定時間朗誦這些肯定的詞句，就算每天只有一、兩分鐘也沒關係。越能持之以恆，效果就越好。

朗誦的時候，不見得一定要投注全副精神。言語本身有一股力量，光是朗誦出來，其中蘊含的訊息就會自然而然地撼動心靈。

藉由每天重複朗誦，這些正面的詞句就會排除心中的負面思考及情緒，讓詞句中的正面意涵滲透到心靈之中。這樣不論發生什麼事，內心都不會再產生負面想法。正面的詞句取而代之浮上心頭，讓想法變得積極又樂觀。

尤其當遇上痛苦或悲傷的事情時，這些「魔法語句」將能發揮舉足輕重的效果。當陷入困境，內心感到不知所措時；或是受傷太深，心情悲痛不已時，就要趕緊背誦出這些練習了許多次的正面詞句，並且配上動作。這樣不僅能平復情緒，陰霾不開的心靈也會豁然開朗。

告訴自己「可做可不做」

這種朗誦練習就跟防災演習一樣，如果沒有使其徹底融入生活之中，到了緊急關頭時可能會派不上用場，因此每天的反覆練習可說是相當重要。

但是如果給自己太大的壓力，反而無法持之以恆。尤其是對做事經常只有三分鐘熱度的人來說，「一定要堅持下去」的束縛感可能會帶來反效果。

每個人的心中都有一種名爲「自我（ego）」的心理機制，這種機制會設法爲自己謀取最大利益及保護自己。對於保護自己的防衛心還不夠強的孩童而言，這是相當重要的機制；但是對大人來說，這個機制可能會形成太強的自私心態。

而且「自我」基於保護自己的立場，通常會排斥重大變革。就算是自己的意志決定要改變，「自我」也會以「不可能做得到」或「不想做」爲理由，試圖說服自己放棄。

當發生這種情況時，千萬不要採用指示、命令、嚴禁或說教之類的方式來強迫自己，反而要抱持「可做可不做」或是「搞不好做了也不錯」的中立心態，才比較不會引起「自我」的反抗，增加付諸行動的成功機率。不論是對自己或是對他人，這都是相當有效的技巧。

如果覺得做不到，可以暫時先不要做。這是讓自己持之以恆的大原則。當心中抱持著就算不做也沒關係的想法時，即使因某些理由而暫時中斷，過了一陣子又會產生想做的心情。

8. 找個聆聽的對象

感到痛苦時，找個願意聽自己訴苦的人吧

把煩惱告訴他人，就解決了一半

如果你在公司或其它地方遇上了不開心的事，使你感到沮喪、受傷或憤怒，千萬不要獨自煩惱，一定要找個人吐吐苦水。

有句話說：「當你把煩惱告訴他人，煩惱就解決了一半。」

傾訴也是一種「輸出」的行爲，這麼做能讓陷入「超載」狀態的大腦恢復訊息流動，並且阻止思緒繼續大繞圈子，心情也會輕鬆不少。而且在傾訴的過程中，想法也會獲得整理，就能以更客觀的角度審視自己的狀態。

我的病患偶爾也會在深夜突然打電話向我求助：「我覺得好痛苦、好痛苦，不知道該怎麼辦才好。醫生，請你救救我。」病患有時會這麼跟我訴苦，但大多數只要在電話裡跟我對談一陣子，就會恢復冷靜。

向人訴苦或向人傾訴心事，是維持心靈平靜的重要行爲。傾訴的對象，最好是互相能感到安心、合得來的好朋友。而且最好是願意靜靜聆聽你訴苦的好朋友。這個好朋友可以分擔你的憂愁，給予你無條件的支持。

這個好朋友不會動不動就批評他人，只會專心聽你說話。有時點頭，有時附和，有時說些「原來發生了這種事」「眞是辛苦你了」「我明白你的心情」的貼心話語，光是擁有這麼一個好朋友，就能讓你的受傷心靈獲得治癒。

當好朋友心裡有了煩惱的時候，希望你也能靜靜傾聽對方訴苦，給予對方相同的回報。

有些HSP會跟母親處得不好。如果你也是，建議你可以把自己與母親的事也告訴好朋友。

譬如你覺得母親管你太多，你可以把對母親的不滿向朋友傾訴。在訴苦的過程中，不僅你的心情會輕鬆不少，而且向他人描述狀況的行爲，或許能讓你察覺

「原來我覺得活得很痛苦是因爲跟母親處不好」的重要眞相。

還有一點，與好朋友談論關於母親的事，也能當作下次跟母親僵持不下時的「預先演練」。HSP在緊要關頭常常會有詞窮、腦筋轉不過來的狀況，能夠事先演練一番，正式上場時才能夠據理力爭。

提防給你太多建議的人

「你自己也有錯」「你得強硬一點才行」「老是悶在心裡，事情永遠無法解決」「你爲什麼不能樂觀一點」……。

在你的朋友之中，除了我剛剛所說的那種朋友外，可能還會有另一種剛好相反的人，喜歡以高高在上的口吻數落你一番。如果是這種喜歡給你種種建議，喜歡對你說教，喜歡批評與指責的人，你千萬不能對他說出心中的痛苦與煩惱。

心地善良、仁慈的HSP可能會爲對方作出善意的解釋，譬如「他是因爲關心我才對我這麼嚴厲」，但那些嚴厲的話就像是在傷口上灑鹽，只會讓你更加沮喪、更喘不過氣。

能夠滿不在乎地說出這種話的人，你千萬不能把他當成朋友。因爲他可能只是抱著看好戲的心態，藉由你垂頭喪氣的模樣，來滿足他心中的虐待快感與優越感。而且由於HSP不擅長反駁他人，很有可能在對方搬出了一堆煞有介事的大道理之後點頭同意。

如果你跟這個人見了面、說了話之後心情沒有比較輕鬆，反而更加惡化，就表示這個人不會是你的朋友。只要抱持這個原則，就絕對不會有錯。

如果你眞的找不到一個可以談心的朋友，可以找專家求助。但就算是專家，也不乏態度高傲的人，會對你說出「你這種心態是不對的」的話語，面對這樣的高壓態度，你不僅會退縮，而且還會心生抗拒。

你所找的這個人，應該要能夠讓你在黑暗中看見一絲光明，並且帶給你全新的視野。

已故的心理學家河合隼雄在其著作中寫下了這麼一句話：「你應該找個願意跟你一起思考，一起爲你找出最佳方案的專家。」我認爲這句話說得很好，你可以把這句話當成挑選專家時的重要判斷依據之一。

9. 朋友不必多，一個就夠了

別因朋友少而自怨自艾，你需要的是能夠打從心底信任的摯友

跟單一朋友深入交往，才符合HSP的風格

有些人交遊廣闊，身邊總是圍繞著一大群朋友，洋溢著歡樂氣息，與HSP的情況大多有著天壤之別。HSP的交友圈僅侷限於職場同事及學生時代的老同學，熟人頂多兩、三個，稱得上好朋友的可能只有一個。

每當看見他人不斷拓展人際關係，HSP就會覺得自己實在太消極、太笨拙、太沒用，而且缺乏受人喜愛的魅力，不禁悲從中來。

但事實上HSP的朋友少並不是因為沒用或缺乏魅力，而是因為HSP在社會上每五人只有一人，與自己擁有相同特質的人太少，所以不太能找到與自己合

得來的人。

此外，ＨＳＰ對內心世界的興趣更勝於外在世界。喜歡一個人獨處，不喜歡外出；對聲音及光線過於敏感；在聚餐、宴會等場合會感到不自在等，跟非ＨＳＰ比起來，比較沒有機會交到新朋友也是很正常的事。

內向、膽小、感覺敏感這些特質確實不利於交「許多」朋友，但纖細的心靈本身是相當美好的優點。

何況朋友並不是越多越好。

有些人可以跟任何人在相遇不到十分鐘就變成好朋友。這種人喜歡的是廣而淺的人際關係，而且大多雖然會不斷交到新朋友，但跟從前的舊朋友也會逐漸疏遠，也就是交友圈會不斷有人來來去去。

相較之下，ＨＳＰ的風格則是朋友雖少，但與每個朋友都認真交往，建立深厚而溫暖的情誼。由於ＨＳＰ擁有很強的同理心，對他人的心情能感同身受，因此在對方眼裡應該也是個能夠打從心底信賴、無可取代的好朋友。

這樣的朋友關係往往能夠持續一輩子。結婚、生育、離婚、失業、病痛……

在面對人生的各種階段及災厄時，都能夠互相鼓勵、互相扶持。與相交多年的老友，在平凡的日子裡說些無關緊要的閒話，就具有讓心靈獲得放鬆的效果。

像這樣的摯友只要交到一個，就已經是很幸運的事了。摯友是無價的珍寶，可以讓你的人生變得多采多姿。

換句話說，你不應該爲朋友太少而感到自責。正因爲朋友少，才能建立深厚的友誼，這是一件値得驕傲的事。

如果感覺被「瞧不起」，就與對方保持距離

HSP擅長與朋友建立深厚而溫暖的情誼，卻也很容易陷入「共依賴」（co-dependency）的陷阱。

我在前文也提過，有些HSP會強烈追求能夠塡補自身空虛心靈的對象，即使只是普通朋友，有時也會形成依賴與被依賴的「共依賴」關係。以下舉我的朋友A小姐的狀況當例子。

A小姐有個好朋友，這個朋友能力很強，A小姐經常依賴她，而這個好朋友

也對A小姐的依賴感到樂在其中。

然而，A小姐偶爾會因爲這個好朋友的無心之語而覺得自己被看不起。最後因爲對方說了一句「妳做人眞輕鬆」，讓A小姐終於完全頓悟。

A小姐終於察覺到，對方跟自己在一起時，會利用自己，瞧不起自己，打從心底把自己當個笨蛋看待，藉此獲得優越感。A小姐於是與對方絕交，從此不再見面，心情不僅變輕鬆，而且也不再依賴他人，覺得自己變堅強了。

這兩人的關係正是典型的「共依賴」，A小姐依賴於向這個女性好友求助，而女性好友也依賴於幫助A小姐的感覺。「共依賴」是一種緊密結合的關係，能夠產生安心感，讓雙方各自擁有「受到關愛」或「幫助他人」的感覺。這種關係能夠塡補心靈的空虛，可說是一種讓人感覺相當舒服的關係。

但如果對方只是在利用及依賴自己，而自己明知道這一點卻又願意繼續維持關係，這儼然是一種看輕自己的行爲。

當然我並不是叫大家要多懷疑朋友的動機，但如果你總覺得這個朋友有點擺出瞧不起與取笑的態度，或是離開這個朋友身邊後會突然覺得很累（或感到鬆一口氣），建議你可以試著跟這個朋友拉開一點距離。當你們有許多天沒有見面之後，如果你覺得心情反而變輕鬆了，那就表示他並不是你眞正的朋友。

10. 強化分界線

藉由鞏固分界線來保護自己

在自己周圍築起想像的防護牆

並非只有HSP才有分界線不夠明確的煩惱，但HSP擁有極強的同理心及同調性，加上容易相信他人，因此如果維持分界線的意志力不夠強，很容易遭他人利用，甚至遭到戲弄，或是成爲詐欺的犧牲者。

心靈豐富、心地善良、心懷慈愛也是HSP的特徵，有些人可能會企圖吸取這樣的心靈能量，因而想要擺脫易受傷與生活煎熬的問題，強化分界線是個不可或缺的條件。

分界線就像是區分自己與他人的一道隱形的防護牆，唯有重視這道象徵自身獨特性的分界線，才能夠防止他人入侵或自己侵犯他人，達到保護自身的效果。

每個人從小在產生「自我」意識的同時，就會開始建立分界線，這道分界線會隨著成長而越來越明確及堅固。嬰兒會與哺餵奶水給自己喝的母親處於心靈完全契合的狀態，因此當然也沒有分界線，必須到大約兩歲半，幼童才會因自己的要求被拒絕而學會「媽媽跟自己並不是同一個人」，這時就會開始產生自我意識。

自我意識會在自己與他人的關係中逐漸成形，並且會因養育方式及成長環境而發生變化。爲了適應環境，每個人在小時候都會建立起屬於自己的自我意識，在自我意識的作用之下，自己的性情、性格、智能、情緒、身體化等人格特質也會一一成形。

隨著自我意識的產生，幼童會逐漸學會表達自己的想法，建立起分界線，並且隨著人生經驗的累積而逐漸鞏固。

一個人要維持自身的獨特性，必須學會重視及珍惜全部的自己，包含自己的負面情感、弱點及缺點。而要做到這一點，有兩個不可或缺的條件，第一是能夠表達自身想法，第二是能夠自我肯定。

在ＨＳＰ之中，當然有些人能夠自我肯定及表達自身想法，而且也擁有明確的分界線，但做不到這些的ＨＳＰ也很多。

這種人可能因爲無法與雙親建立穩定的依戀關係，沒有辦法自我肯定，一心認爲自己若不完全遵循雙親的期許就無法活下去。加上長久以來一直壓抑著感情與欲望，導致無法表達自身想法，不敢否定或拒絕他人。

如果是這樣的人，建議執行強化分界線的意象訓練法與積極心理暗示法。以下舉一個意象訓練法的例子，你可以自己決定使用什麼樣的意象，不見得必須跟例子一樣。

想像自己的頭頂湧出一股溫暖的能量，這股能量逐漸形成圓球狀，包覆自己的身體。自己在裡頭感到輕鬆自在，不會受到外界任何雜音或刺激的干擾……默唸「張開防護牆」「我就是我」「討厭的東西都進不來」。

接著想像外頭伸來一些觸手，想要吸取自己的能量。於是自己伸出手，斬斷那些觸手……默唸「切斷那些線」「斬斷它們」。

建議在睡覺前或其它固定時間進行這個訓練。只要每天持之以恆，逐漸就能想像出自己受到分界線保護的情境。不管與任何人往來，只要在見面前做一次這個意象訓練，相信就能大幅減少自己的領域遭他人侵入的狀況。

除了意象訓練法外，要建立起牢固的分界線，還得擁有明確表達自己想法的能力。因此建議盡量每天多默唸「做我自己」「向前看，不要向後看」之類的正面詞句。

當能夠表達自身想法之後，自然也能否定、拒絕他人。一旦遇上有人對自己提出過分的要求，就應該以自己的利益爲優先，斷然加以拒絕。當能做到這點之後，你就眞正能做到珍惜、善待自己，環繞著自己的分界線自然也會越來越厚實。

如何克服「箭豬的矛盾」？

活在自己的分界線之中，不管是對自己還是對他人而言，都是對人格的一種尊重，這當然也意味著人與人之間必須保持適當的距離。

與他人保持適當距離，對任何人而言或許都不是件容易的事。因此經常有人以「箭豬的矛盾」來形容這種人際關係距離感的拿捏問題。

箭豬的身上長滿了尖刺，靠得太近會互相傷害，但離得太遠又會感到寂寞。唯一的辦法，就是必須找到一個讓雙方既不會痛又不會寂寞的距離。

尤其是對擁有高度同理心與同調性的ＨＳＰ而言，要找到這個距離更是困難，往往會因爲太過貼近對方的感受及心情而把自己搞得傷痕累累；如果又帶有依戀障礙的問題，那更是難上加難。

ＨＳＰ只能過著壓抑自身感情及想法的生活，只能承受著喪失自我的悲哀，如果要與人保持適當距離，ＨＳＰ一定會感到寂寞難耐。因此總是會刻意跨越對方的分界線，企圖與對方緊密結合。

這正是典型的依賴現象。長期維持這種不自然的關係，不管對方是朋友還是戀人，最後都會感到無法承受而選擇離去，而被拋棄的一方當然很可能會受到更深的創傷。

那麼，要怎麼樣才能化解內心的寂寞呢？

第一個重點，就是明白寂寞是人的本質。每個人都是獨自出生、獨自死亡，會感到寂寞是理所當然的事，你並不是唯一寂寞的那個人。

在對這一點有了覺悟之後，下一個重點則是找到能讓你自己開心的事情。電影、小說、瑜伽、舞蹈……什麼都可以。剛開始的時候，或許那只是個排遣寂寞的小手段，但久而久之，那會形成一個雖然微不足道但無可取代的「屬於自己的世界」。

自己的世界擁有一種神祕的魔法力量，能夠緩和內心的寂寞。例如在與戀人一同用餐之後，或許你可以與戀人道別，回到自己的世界。這時你可以徜徉在屬於自己的時間裡，暫時忘掉寂寞。只要能夠樂在其中，你不僅不會感到寂寞，而且還能夠帶著快樂的餘韻入眠。

我也建議你嘗試看看習慣寂寞的感覺。不論是戀人或朋友，請你在「還想在一起一下子」的時候向對方道別。當你重複做了多次之後，你就會習慣「在分開時感到有點寂寞」，而且有可能會愛上這種不黏膩、不沉重的清爽關係。雖然分開會有點寂寞，但只要回到家裡，還有「自己的世界」在等著你。

要與他人建立一個互相尊重、不互相依賴的對等關係，建立「分界線」是不可或缺的條件。而要順利建立「分界線」，除了實踐本節所介紹的具體建議、嘗試接納及認同自己外，更重要的是必須「活在當下」。關於這一點，在「練習18」將有更詳細的說明。

11. 建立自己的城堡

受到注視會感到緊張的ＨＳＰ，建議在桌上架設起幻想的城堡

觀賞用植物、照片、人偶、芳香瓶……讓心愛之物保護自己

ＨＳＰ大多不喜歡在他人的注視下工作。一旦感受到視線、微弱的氣味或壓迫感，就會開始緊張，腦筋一片空白。如此一來，很可能會犯下不該犯的疏失，進而導致上司對自己的能力評價降低。

ＨＳＰ擅長在沒有人看到的地方獨自默默工作，只要能建立起這樣的空間，就能發揮全部實力。因此，你應該把你的辦公桌建設成「城堡」，防止他人入侵。當然一般的公司不可能允許員工擅自以隔板將自己的辦公桌圍起，但你可以架設隱形的城牆，建構一座幻想的城堡。

例如你可以在辦公桌的兩側擺幾盆喜歡的觀賞植物，放幾張喜歡的照片，擺上幾個洋娃娃或布偶，再開一瓶芳香瓶放在合適的位置。把這些東西幻想成城牆，並告訴自己「城牆以內就是我的城堡」。

下次上司走過的時候，就算從背後偷看你的電腦畫面，幻想的城牆也會阻隔上司的視線、壓迫感及存在感。

當然，這樣不可能達到完全遮蔽，建議也同時使用紓壓球。當喜歡偷看屬下工作狀況的上司接近時，拿一顆觸感柔軟的紓壓球緊緊捏住，就能進一步達到紓解壓力的效果。

如果在架設了幻想城堡後還是會感到在意，就只能請上司停止這樣的舉動。我相信很多人一定會大喊「這我可不敢」，但只要使用高明一點的懇求方式，相信在不讓上司動怒或自尊心受損的前提下，應該能夠達到這個目的。此時的重點，在於必須再三強調對方並沒有錯，完全是自己的問題。

「說起來很丟臉……課長如果看著我，我會很緊張，無法思考任何事，我自己也覺得這樣實在很沒用……」，只要說到這裡，就算是再遲鈍的人，相信應該也會明白最好不要再繼續偷看。

爲了保護自己，只要有成功的機會，就有一試的價値。

如果這樣還是無法改善，只好使出最後的絕招，那就是「吹捧對方」。做法很簡單，只要說出與自己的想法、感受完全相反的話就行了。

例如你可以試著說：「課長，謝謝你總是這麼關心我。」如此一來，不僅你心中的恐懼與厭惡感會消失，對方的態度應該也會有所改變。

12. 設定優先順序

同時接到好幾項工作，就排好優先順序，再一一完成

同時考量「緊急度」與「重要度」，決定優先順序

ＨＳＰ的做事風格，是把一件工作認眞、仔細地完成，才接著做下一件；反過來說，ＨＳＰ不擅長同時處理好幾件工作，這會讓腦袋一團混亂，不知如何是好，有些人甚至可能會陷入輕微的恐慌狀態。

遇上這種情況時，請不要驚慌，只要爲這些工作排定優先順序就行了。排好順序後，接下來就只要將工作一一完成即可。

例如當上司將好幾份文件一口氣扔在桌上時，你應該詢問上司該先做哪些工作，千萬別被那龐大的文件數量嚇得不知所措。

有些上司可能會叫你「自己想」，為了應付這種「不擅長帶人的上司」，你應該學會判斷優先順序的「規則」。只要知道了這個規則，在很多時候都能派上用場。

這個規則必須考量「緊急度」與「重要度」兩項要素。重要又緊急的工作優先處理，其次處理不重要但緊急的工作，再其次處理不緊急但重要的工作，而排在最後面的，當然就是既不緊急又不重要的工作。

大部分HSP在下決定時得花上比一般人更多的時間，但只要熟記這個規則，應該就能加快決定的速度，減少猶豫或煩惱的時間。

當然，就算排定了優先順序，還是有可能無法在期限內完成，此時就要先就鼓起勇氣，提前告訴上司「絕對不可能做得完」。

但除了告知之外，還得提出替代方案，例如「其中三件可以在今天之內完成，剩下的一件希望能延到明天中午前完成」，藉由交涉與討論，雙方各退一步，就能排下適當的完成時間表。

如果剛開始時不敢老實告知「來不及」，最後果然還是來不及，上司一定會對你相當失望。何況如果上司打從一開始就得知來不及，或許還能想出其它的解決辦法。不敢實話實說的結果，不僅會給上司添麻煩，也可能會讓自己深深受傷。

關於老實傳達「做不到」的重要性，將在下一節深入探討。

13. 偶爾示弱並沒有什麼不好

老實說出「做不到」，反而能強化自己的能力

說出困難才能尋求幫助

同時被交代數件工作時，雖然只要排定優先順序、一一完成就好，但HSP的優勢畢竟是在於完美地、仔細地完成一件工作。如果手邊同時堆了好幾件工作，HSP可能會擔心時間來不及，心裡產生壓力，因而無法發揮百分之百的工作實力。

若職場環境許可，或許向上司或相關同事告知自己「無法一心多用」也是個好辦法。例如你可以這麼說：

「其實我不擅長同時做好幾件事情。同時被交代許多工作，我的腦袋會亂成

一團，不知道該怎麼辦才好。如果能夠一次交給我一件工作，我會相當感激。」

簡單來說，就是「公開承認」自己的弱點。如此一來，周圍的人可能就會對你伸出援手。過去沒有人幫你，或許是因爲你什麼都不說，沒有人發現你的困境。如果你不肯公開承認自己的弱點，當然也就無法期待周圍的人能及時發現及提供協助。

若你能主動示弱，周圍的人表達體諒之意的機率很可能遠超過你的預期。那是因爲你的老實及率眞，在無形中會提升你在衆人眼中的評價，只要是稍微和善一點的上司，應該就會答應你「以後一次只交給你一件工作」，也有可能出現熱心助人的同事，願意幫你處理四件工作中的一件。

獲得了協助後，負擔會減少，壓力也會減輕。對於抗壓性較差的HSP來說，這正是求之不得的事情。當你能以你所擅長的方式處理工作，成果的品質可能也會提升。

換句話說，暴露自身弱點反而有助於強化自身能力。這就是所謂的「塞翁失馬，焉知非福」。

不過當你想要示弱的時候，一定要愼選合適的對象。這世上有很多溫柔、寬大的人，但肚量小、心眼壞的人也不少，有些人若得知你不擅長同時處理數件工作，可能反而會把一大堆工作同時丟給你，你必須靠著身爲ＨＳＰ的優秀直覺及洞悉他人內心的能力，看穿對手的人品及爲人。

只會逞強的是虛榮心，能謙虛示弱的才是自尊心

許多ＨＳＰ不敢暴露自身弱點，是因爲有著依戀障礙的問題。這種人從小只敢扮演「乖孩子」，從來不敢違拗父母或老師的指示。

他們擔心只要有一件事情做不好，就會得不到父母的關愛。從小到大，對他們來說「做不到」是意味著會遭父母拋棄的禁句，即便已經長大成人，卻還是不敢輕易說出「做不到」。

這些「乖孩子」大多有著極強的虛榮心，「做不到」會讓他們的虛榮心受到傷害。

在這股想讓自己看起來比眞正的自己更好、更厲害的虛榮心背後，卻隱藏著強烈的自卑感。

喜歡躲在「殼」裡是人的本性。例如拿地位、名譽、財產或家世當「殼」，對他人聲稱「這就是我」，但眞正的自己卻從不肯走出殼外。尤其是虛榮心較強的人，會對於外在的殼，也就是虛僞的表面特別拘泥與在意。

虛榮心與自尊心有點類似，但兩者截然不同。只會逞強的是虛榮心，能謙虛示弱的才是自尊心。

不敢示弱，或許是因爲不敢承認自己的弱點。如果你發現自己一直在設法隱藏某個弱點，建議你鼓起勇氣將這個弱點對外公開。例如可以告訴他人「我的方向感很差，不會看地圖」，你將會感覺沉重的壓力驟然消失，心情頓時輕鬆許多。

不會喝酒、看書的速度很慢、沒有錢、穿衣服沒有品味、容易受傷、不會讀的字很多……一旦感覺有必要，就要毫不猶豫地把自己的弱點說出來。隱瞞的時間越長的弱點，說出口的瞬間越能獲得極大的解放感與安心感。當你把自卑的弱點說出口時，你可能已不再爲這個弱點感到自卑。

因爲「說出口」的行爲能夠讓你包容這個弱點，並且讓你的自尊心更加鞏固。我希望大家都能牢牢記住，公開自己的弱點是有很多好處的。

14. 建立想像中的安全基地

即使只是想像，也具有降低不安的效果

就算到了四、五十歲，還是能建立安全基地

有不少HSP在成人前無法與雙親建立依戀關係，因而一直活在隨時擔心遭到拋棄的強烈不安中。

能讓自己感到安心、安全且能徹底放鬆的安全基地，可以是一個場所，也可以是一個人。但HSP大多不管是在現實生活中還是在內心世界裡，都缺乏這樣的安全基地。因此當遇上痛苦的事情時，往往無處可躲，受了傷也沒有一個地方、或一個人能治癒自己的傷口。

HSP天生有著以杏仁核爲主體的不安及恐懼迴路容易活性化的特質，如果

又缺乏安全基地，當然會因爲一點小事就產生強烈不安，這會對人際關係造成許多負面的影響，讓HSP感覺生活變得更加煎熬。

話雖如此，也不必因此而感到灰心。如果你認爲自己缺乏安全基地，而且這正是讓你抱持強烈不安的主因之一，你只要趕緊建立一個就行了。

值得慶幸的一點，是一個人即使在成年之後同樣可以建立安全基地。事實上前來我的醫院就診的病患裡，就有好幾位HSP是在四、五十歲之後才得到安全基地，以下將介紹一些建立安全基地的方法。

安全基地不僅可以是人或場所，甚至可以是時間、物體或某種感覺。例如「願意默默聽你訴苦」的好朋友，就可以是你的安全基地，當然，戀人也是非常理想的。

如果你找不到像這樣的人，那也沒關係，你可以把安全基地建立在自己的心中。譬如小時候的某個回憶，也可以是安全基地。

就算是無法與雙親建立穩定依戀關係的人，小時候多少還是會有一些感覺跟雙親在一起很快樂、很安心的時期。口口聲聲說「最討厭母親」的人，幾乎百分之百都會有過一段非常喜歡母親的時期。

既然如此，就試著回想那段時期，讓自己回到那個時候。當自己回到了過去，沉浸在快樂的回憶裡，這段時間就是能讓自己獲得安心感的安全基地。

在運動會上爲自己加油的母親、帶著自己到海邊玩的母親、每天早上爲自己做便當的母親……要找到像這樣的回憶應該不難，找到了合適的回憶後，爲了讓自己確實牢記這個回憶，建議把它寫在筆記本上。

當遇到痛苦的事情時，就拿出這本筆記本，沉浸在從前的快樂回憶裡。有些人或許還會因此而產生原諒母親的心情，爲親子間的關係帶來變化。

如果沒有能夠成爲安全基地的家人、戀人或朋友，也沒有能夠療癒心靈的兒時回憶，該怎麼辦才好？如果是這種情況，可以自行在腦中塑造出一個自己喜歡的情境。例如輕飄飄地跟著白雲一起流動，或是在翠綠色的海底與熱帶魚嬉戲，或是站在一望無際的薰衣草田裡……你可以自行設定一個能讓你身心放鬆的場所或風景作爲安全基地。接著請你閉上雙眼，放鬆肩膀及下巴的力氣，專心想像那個畫面。

你應該會感覺到不安在心中逐漸溶解，取而代之的是充盈在整個空間的恬靜感與暖意。或許剛開始會覺得有些彆扭，但只要全心投入感情與感覺，在反覆嘗試之後一定能在安全基地裡得到放鬆身心的療癒效果。

這種「意象訓練法」不論是在運動界還是醫療界，都是相當重要的訓練法及治療法。

譬如我在前文曾提過「幻肢痛」的例子，由於失去了手或腳，大腦沒辦法再接收到來自手或腳的刺激訊息，因此會爲了追求刺激而陷入活動過於旺盛的狀態，就會形成幻肢痛。這種「去神經性高敏感」的現象，會讓人感覺明明已失去的手或腳在隱隱作痛。

有一種治療幻肢痛的方法，稱爲「鏡像法」。藉由在鏡子上映照出健全的手或腳，讓接受治療者產生「彷彿斷肢依然健在」的錯覺，如此一來「去神經性高敏感」的症狀就會大幅改善，幻肢痛也會逐漸消失。

從「鏡像法」這個例子就可看得出來，大腦其實很容易受騙上當。就算不使用鏡子，只要情境中的感覺夠眞實，大腦就會產生錯覺。因此每天持之以恆地練習，一定能在腦中建立安全基地。

獨處時，可以朝厭惡的對象破口大罵來消除壓力

HSP每天活在不安之中，當然很容易累積壓力。除了藉由建立安全基地來化解不安外，還得學會消除壓力的方法。

消除壓力的最大重點，就在於當天的壓力必須當天消除。例如在公司遇到了不開心的事情，可以在睡前大喊一句：「○○最討厭了！又蠢又粗神經的死老頭！」或是藉由書寫的方式，將胸中的怒氣發洩出來；如果你高興，甚至你可以想像朝討厭的同事飛踢的情境，千萬不要爲自己設下限制。

不管喊什麼或寫下什麼都沒關係，就算在想像的情境裡對著對方拳打腳踢也沒問題，不必因爲想像得太激烈而責怪自己。

此外，心理治療中的「空椅子治療法」也相當有效。準備兩張椅子，你自己坐在其中一張上，並且想像讓自己產生壓力的人就坐在另一張椅子上。把你平常想說卻不敢說的所有抱怨，都對想像坐在椅子上的人說出來。

這時如果能有一個值得信賴的親友加入治療，每當你抱怨一句，親友就附和一句「沒錯」，更是能讓你勇氣百倍，效果更加顯著。

另外，有些HSP可能會有「閃回」（指不好的回憶突然浮上心頭，即英文的flashback）的困擾。有這種症狀的人，可試著合併服用中藥的四物湯及桂枝芍藥湯，症狀可獲得明顯改善。

如果想嘗試花精治療法，則可選擇聖星百合或櫻桃李。

西藥方面，可嘗試醫學博士杉山登志郎所提倡的超微量處方——安立復（Aripiprazole 0.2 mg＋碳酸鋰 2 mg／每日）；也可嘗試醫學博士神田橋條治所開發的手掌治療法（以雙手手掌反手按住大腦前額葉的扣帶皮質）。

15. 坦承自己是ＨＳＰ

對重要的人傳達真相，才能建立深厚關係

正因為ＨＳＰ是你的「本質」，才更應該告訴對方

有很多人拿不定主意，不知道該不該向戀人坦承自己是ＨＳＰ的事實。

一旦說出眞相，兩人的關係可能會變得尷尬，對方甚至可能會離自己而去。因爲這樣的不安，讓許多人不敢說出口。

但如果你眞的覺得這個人對你很重要，想要永遠跟對方在一起，你更應該明白告知自己是ＨＳＰ。如果瞞著不說，反而可能會在許多場合產生誤解，甚至是傷害對方。而且如果你一直壓抑著自己的心情，久而久之你也會覺得跟對方在一起很累。

光是「容易疲累」這一點就很有可能造成問題。

如果ＨＳＰ沒有好好說明容易疲累的理由，對方可能會因為你總是想要早點回家而產生不信任感。相反地，如果你總是暗自忍耐，長時間陪對方待在外頭，久而久之也會厭煩於處處配合對方，甚至心生怨恨：「為什麼一點也不體諒我？」

平心而論，如果你沒有向對方說明清楚，怎麼能要求對方明白你的狀況？在這種情況下抱怨對方不體諒你，實在有些太殘酷了。

就像這樣，隱瞞身為ＨＳＰ的事實，在很多事情上都會有產生問題的風險。而且更重要的一點，在於這個問題牽扯到兩人關係的本質。既然ＨＳＰ是你的人格特質，如果不坦承自己是ＨＳＰ，要如何與對方建立真正的深厚關係？

以情侶為例，雙方必須表現出最真實的自己，各自說出真心話，逐漸加強互相的理解與深厚信賴感，最後互相才能成為對方心目中無可取代的人。如果沒辦法表現出最真實的自己，沒辦法說出真心話，就沒辦法成為真正的情侶。

不僅如此，而且如果整天偽裝自己，就算在一起也無法真正感到自在及樂在其中。一場戀愛是否談得有價值，端看是否能互相卸下心防，讓對方接受真正的自己。因此如果隱瞞自己是HSP的事實，談這場戀愛就失去意義了。

HSP擅長在深思熟慮後說話，不擅長處理預期外的話題。尤其如果要傳達相當重要的事情，HSP可能會因爲太過緊張而腦袋一片空白，沒有辦法清楚表達自己的意思。

因此，假如決定要說出事實，爲了讓對方確實理解，建議把要說的話寫在紙上，反覆朗讀數次。只要曾經練習過，就能產生自信。

如何才能克服可能會討厭對方的不安？

HSP在戀愛上大多容易心生怯意，理由之一就在於太過敏感，可能會因對方的說話聲、小動作或細微的氣味而變得討厭對方，同時卻又擔心自己的感受會讓對方受傷。

不僅如此，HSP可能會覺得自己因爲一點雞毛蒜皮的小事就討厭對方，實在是心胸太狹窄，甚至會認爲像自己這樣的人根本沒資格談戀愛。

但以現實中的情況來看，沒有人能夠預測你在談戀愛時，會不會因一點小事就討厭對方。就算過去曾有過類似的經驗，也不代表同樣的狀況會發生在未來的對象身上。

如果你能夠照前文的建議，確實將自己是ＨＳＰ的事實告知對方，我相信你在討厭對方之前，應該能跟對方進行一些「交涉」。例如別抹那種香水、說話小聲一點，或是用餐時手肘不要靠在桌上等。

要對喜歡的人（或快喜歡上的人）表達自己是ＨＳＰ的事實，首先自己必須要認同及接納這個事實。當你能做到這一點，你就不會再認爲自己「沒資格談戀愛」，而且可以從易受傷、生活覺得很痛苦等困境中獲得解放。

要如何才能做到這一點？下一節將提供具體的建議。

16. 以強硬的態度作為武器

打造一個不害怕、不逃避的「強硬人格」

只有自我否定的人，才會被他人擊敗

HSP大多個性文靜而內向，而且有著善良、仁慈的特質。這種人很容易成爲壞心眼、粗神經或凶暴分子挑釁及攻擊的對象，甚至可能成爲霸凌的目標。攻擊比自己弱小的人，是最卑劣、下流且不可原諒的行爲。可惜不論是在任何社會或任何團體裡，都肯定會有這種卑劣、下流的人，HSP必須學會保護自己的方法，才能免於受這種人騷擾。

我這麼說或許有些嚴苛，但我認爲HSP若被那種人擊敗，多半是自己也有問題。在譴責對方之前，更重要的是必須徹底改變自己的心態。

例如你可能老是認爲自己是個「懦弱、沒用」的人，這種負面評價長期累積後，你也會將之發洩在跟你相似、但比你更加懦弱的人身上。再被其他人發現你的懦弱後，這些負面評價又會返諸己身，造成惡性循環。

換句話說，如果有人以過分的言詞傷害了你，那是因爲你自己也一直在心中以過分的言詞傷害著自己。

如果你一直對自己抱持著正面評價，這些正面評價累積之後也會向外放射。當他人發現了這些正面評價後，就會認爲你是個很了不起的人，不僅不會霸凌你，還會相當尊重你。

HSP不想受到他人的傷害，最大的重點就在於必須肯定自己，給予自己正面評價。但要怎麼做才能肯定自己？唯一的辦法，就是認同及接納最眞實的自己。關於這一點，在「練習18」將有更詳細的說明。

就算是HSP，也能表現出天不怕地不怕的強硬態度

想要不被他人擊敗，就不能心懷恐懼。

一旦你心裡害怕，對方就會察覺，也有可能因此輕視你，認定你不敢反抗，從而開始欺負你，或是以各種言詞攻擊你。

嗓門大、態度高傲、喜歡強人所難、處事風格蠻橫的人，是HSP最不擅長應付的類型。不僅不擅長應付，心裡還會有點害怕，在與這種人對峙之前，建議你全神貫注地唸幾次「我完全明白」「謝謝」「我就是我」這些魔法詞句。

唸出了這些詞句之後，你的心中會湧出一股勇氣。跟沒有唸魔法詞句、沒有任何防備的你相比，你的表情、聲音及走路方式都會展現出一股氣勢及決心。對方一定會察覺，因爲你的潛意識中的心態，都會呈現在外表上，這麼做也會你更能夠站在客觀立場觀察及分析對方的本性。

譬如你可能會這麼分析：「爲什麼他的態度會這麼高傲、這麼蠻橫？他在上司面前總是態度謙卑，看來他其實膽子不大。或許他故意大聲說話，笑得那麼豪邁，只是爲了掩飾自己的膽小……」，如果能夠作出像這樣的分析，心中對這個人的恐懼也會減少許多。

値得一提的是，在部下面前態度高傲的上司，絕大部分都只是在掩飾自己的膽小。

想要不被擊敗，另一個重點是絕對不能逃避。對於自己害怕或不擅應付的人，任何人都會不想見面或選擇用電話交談，這是人之常情。但如果抱持著逃避的心態，對方也會看穿，因而開始得寸進尺。

你不僅不應該逃避跟對方見面，而且必須面帶笑容，對著他說出「謝謝你總是對我說一些貼心的話」之類，與你心中想法完全相反的言詞。這麼做不是爲了諷刺或取笑對方，而是爲了利用潛意識的力量消除心中所抱持的「這個人既討厭又可怕」的印象，這也是心理治療師大嶋信賴所提倡的手法。

如果不敢當著對方的面說，也可以用對方聽得見的音量自言自語。以我自己爲例，我從以前就要求自己對不擅應付的人說「謝謝你平日的關心，我最喜歡你了」之類的話，而且確實看見了一些成果。

如果自己和對方處於對立狀態，而且沒有辦法改變狀況，則可以試著避免正面對決，思考一個「兩邊都不吃虧」的方法，這是柯維博士提倡的「七個好習慣」中的第四個習慣（雙贏的法則）。

不害怕、不逃避的強硬心態與意志，能成爲保護自己不受蠻橫暴力攻擊的武器。就算是性情溫和柔順的HSP，只要有心，同樣能獲得這個武器。

17. 活出最真實的自己

為自己而活，不要為別人而活

試著說出真心話

不肯說眞心話也是HSP的特徵之一。有時不是不肯說，而是說不出口。不管是對朋友、戀人還是職場的同事，不管關係的親疏遠近，HSP基本上從不說眞心話。因爲他們相信一旦說了眞心話，對方就會遠離自己；加上HSP總有一些絕對不能說的秘密藏在心裡，這也是活得不快樂的理由之一。

不敢說眞心話的原因，有可能是從小被父母灌輸了錯誤的觀念，例如從小一直被批評「又笨又沒用」，這些話深植在心中，形成了自己是個沒用的人的「刻板印象」，導致一個人缺乏自信，感到孤獨與寂寞，而且有著擔心遭到拋棄的強烈不安感。這種人很可能會認爲像如果說出眞心話，所有人一定會離自己而去。

要破除這個「刻板印象」，首先要明白這不是自己眞正的想法，而且自己已不再需要這樣的想法。長久過著不敢說出眞心話的日子，是一種貶低自我的行爲。如果沒辦法學會珍惜自己，就無法擺脫痛苦、易受傷的人生。

有些人不僅不曾說過眞心話，甚至從不曾察覺自己的眞正想法。對這種人而言，探索自己的眞正想法，會產生一種內心被人一覽無遺的強烈不安與恐懼。

如果你也是這樣的人，建議先找一個願意默默聽你說話的朋友，老實說出你的內心想法。就算是對任何人都羞於啓齒的秘密，對這個朋友也不能有所隱瞞。

當你能夠不再隱瞞自己的心情，將能體會到當一個誠實、率眞的人是一件多麼輕鬆自在的事，就算是對伴侶或戀人，也要把眞心話和盤托出。

當你對一個人說出了眞心話後，如果那個人露出「原來你是這種人」的態度，甚至與你絕交，那表示這個人的肚量很小，而且也表示你跟這個人打從一開始就合不來，能夠盡早明白對方的本性，反而是件値得慶幸的事。

有些自助會或讀書會是以互相傾訴眞心話爲活動目的，如果你在生活周遭找不到能吐露眞心話的對象，可以試著參加這樣的活動。

患有依賴症（包含藥物、酒精、戀愛、購物等）的人，大多也有無法說出眞心話的問題。那是因爲依賴症是一種人際關係上的疾病，治療上的必要條件，正是擁有一個能夠安心說出眞心話的同伴或場所。大多數罹患各種依賴症的人，在變得能夠說出眞心話之後，依賴症的症狀也會逐漸消失。

建立「自我軸心」，凡事以自己為優先考量

不敢說出眞心話，是因爲害怕引來他人的厭惡與輕蔑。這種人通常會以他人的感受及想法爲優先，反而把自己的心情及感受擺在一邊。

這就跟活在他人的價值觀之中沒什麼兩樣，自己的想法完全遭到了忽略。想要過眞正重視自己且擁有自尊心的人生，就必須以自己的感受、心情、欲望及心願爲優先考量。

簡單來說，就是以自己的眞正想法爲主軸，過眞正屬於自己的人生。在心理學上，這稱爲「建立自我軸心」。

前「活力門」（Livedoor）總經理堀江貴文，就正是一個確實建立起了自我軸心的最佳例子。他是一個典型的HSS，性格與HSP可說是完全相反。即便受到諸多輿論批評，他還是貫徹自己的想法，從不認為自己做錯了什麼。

如果你是一個HSP，雖然你絕對不可能過著像他那樣的人生，也沒有必要模仿他，但你應該記住，這世上也有像堀江貴文這樣的人，不論遭受任何批評都不為所動，徹底堅持自己的信念。

在每天的生活瑣事之中，如果你總是忍不住要以他人的想法為優先，建議你想一想從不認為自己做錯了什麼的堀江貴文，把心態拉回「自我軸心」上，凡事以自己為優先考量。

18. 抱持以ＨＳＰ生存下去的決心

認同及接納現在的自己

隨時意識到自己是ＨＳＰ

容易因一點小事而受傷，感覺生活充滿了煎熬的ＨＳＰ，要怎麼做才能讓自己活得比較自在、快樂？要怎麼樣才能改變自己的人生？

首先最重要的一點，是隨時注意到「自己非常敏感」這個事實。

如果沒有這樣的認知，當遇到衣服纖維的微弱氣味、店內的輕柔音樂聲、或是微波爐發出的無形電磁波讓身體產生劇烈反應時，可能會感到不知所措，甚至陷入恐慌。

相反地，如果隨時意識到自己是一個ＨＳＰ，當遇到身體對刺激產生過於敏感的反應時，便能夠理解這是自己的特質，在陷入恐慌前遠離刺激源，或是利用下一章的各種「緊急措施」放鬆自己。換句話說，只要知道自己是ＨＳＰ，就不會因敏感而手忙腳亂，更能夠妥善處理各種狀況。

但是要從生活煎熬與易受傷的困境中獲得解脫，還有一個更加根本而重要的條件，那就是下定以ＨＳＰ活下去的決心。

平均每五人只有一人，這意味著大部分ＨＳＰ必須活在不像自己這麼敏感的人群之中，感覺生活中有些壓力也是理所當然的事。

從另一個角度來看，我在本書中已強調過很多次，ＨＳＰ其實擁有許多美好的天賦及特質。包含感覺敏感所帶來的犀利第六感及直覺、對他人的喜怒哀樂感同身受的同理心、豐富的情感、敏銳的感受性、有條不紊且認眞負責的個性，以及一顆善良仁慈的心。

要徹底發揮這些天賦及特質，就必須要下定決心，即使活得並不輕鬆，也要以ＨＳＰ的狀態活下去。這也意味著既然身爲ＨＳＰ，就必須過ＨＳＰ的生活；既然背負著敏感的命運，就必須設法與自己的敏感和平共存。

不過ＨＳＰ雖然在生活上有些困境，卻同時也擁有許多美好的特質。因此能夠生爲ＨＳＰ，其實也是一件相當幸運的事。

套一句心靈諮詢師江原啓之的話，想要開拓自己的命運，就必須以「家族因緣」與「前世因緣」爲食材，靠著自己的「念力」及「欲望」加以料理。

任何人都無法改變自己這個與生俱來的「食材」，但如何料理，卻是各憑本事。

承認並接納自己的弱點及缺點，但不要作出評價

ＨＳＰ要從各種生命煎熬中獲得解脫，勢必得經過認同、接納自己的過程。如果連這一點都做不到，其它都不用談。

人性難免會對自己的缺點或弱點刻意視而不見，但請你務必要克服，勇敢面對及承認自己的缺點和弱點，才能踏出改變自己的第一步。請不要對自己的缺點或弱點作出善惡的評價，只要抱著平常心承認「我有這些缺點跟弱點」這個事實就好。

不僅要承認，而且要認定自己的心靈要獲得成長，這些缺點或弱點都是不可或缺的要素。

你可能會遇上一個很好的人，卻無法接受他在用餐時發出的餐具碰撞聲；你可能會因爲心靈太過纖細，被上司數落一句「最近很粗心」就難過得睡不著覺；你可能會因爲無法拒絕他人，無奈地參加聚餐，連續攤也推不掉，搞得自己疲累不已。但你必須接納「這就是你」，並且把這些問題當成「心靈成長的教材」。

說得更明白點，你擁有很多優點，當然也會有很多缺點。你必須接納自己的一切，但同時還要擺脫從前對自己的刻板印象。

唯有這麼做，你才能慢慢喜歡上自己，對自己抱持肯定心態，並且逐漸擁有自信。當有了自我肯定感及自信之後，才能建立自己的「自我軸心」。當有了「自我軸心」之後，才能強化自己與他人之間的分界線。

如此一來，你就能夠勇敢對他人說「不」，也不會因爲一點小小的疏失而自怨自艾。簡單來說，當你能夠承認及接納自己的弱點，不再抱持否定心態的時候，你才能眞正克服這些弱點。

你必須要同時做到承認、接納與擺脫。這也意味著「珍惜現在的自己」。你不必努力做各種事情來改變自己，你只要接受最眞實的自己就行了。就算過去有再多的失敗經驗，也不必爲此而責備自己，因爲現在的自己就是最完美的狀態。

你應該帶著這樣的心態，告訴自己「就這樣吧」。你也可以想像另外還有一個更巨大的自己，溫柔地包覆著帶有許多缺點及弱點的自己。

你應該反覆對自己說「就這樣吧」，承認及接納自己的弱小，擺脫逞強的心態。如此一來，你就能自我肯定，生活中的痛苦也會慢慢消失。

19. 選擇ＨＳＰ最能大放異彩的生活方式

創作家、研究學者、專業人員……選擇適合的工作

豐富的創意及感受性，讓ＨＳＰ適合藝術性的工作

ＨＳＰ大多有著各種生活上的困擾，有些人甚至會覺得「這世上沒有適合自己的工作」。但這樣的想法可說是大錯特錯。

ＨＳＰ擁有敏銳的五感、犀利的直覺及靈感、豐富的情感及感受性，而且擁有洞悉他人心情、體諒他人感受的高度同理心，不論是各大企業或是社會上的各種「場合」，這些都是求之不得的珍貴才華，在很多工作上都能大展長才。

例如在我看來，這世上絕大部分的優秀藝術家都是ＨＳＰ。如果這些藝術家並不具備嚴重到令人同情的敏感特質，沒有犀利的直覺及豐富的感受性，要怎麼

創造出那些足以撼動人心的美麗辭藻、故事、影像或音樂？

如果你非常喜歡音樂、畫畫、看電影或舞臺劇，喜歡幻想各種故事情節，或許你可以朝著藝術之路前進。

當然你不見得一定要當個藝術家。其它如插畫家、攝影師、設計師、文案撰稿員等具創作性的工作，也都很適合ＨＳＰ。犀利的感覺及靈感等ＨＳＰ特質，在許多地方都有發揮的空間。

值得一提的是，ＨＳＰ在工作時必須有一個屬於自己的空間，不受各種雜音等外界刺激的干擾。

大部分具創作性質的工作，也都是一個人獨自完成，就這個意義上而言，也確實很適合由ＨＳＰ擔任。

一般人聽到「創作」兩字，可能會覺得那種工作可遇不可求，但事實上具創作性質的工作不僅非常多，而且種類五花八門。

例如可以把「設計」當成工作。轉頭看看家裡，你會發現幾乎所有東西都經過設計。從桌椅等家具，到衣物、珠寶、墨鏡等流行服飾，甚至連食物、化妝品、面紙、衛生紙盒……必須經過設計的商品可說是數也數不清。只要有心，你一定能找到適合自己的創作性工作。

以「喜歡」作為挑選工作的首要條件

如果喜歡看書，或許適合當圖書館的管理員。工作環境不僅有一大堆書，而且相當安靜。何況工作上的同事及來借書的人也都喜歡看書，一群擁有相同特徵的人聚集在一起，人際關係上的摩擦也會大幅減少。

HSP大多做事一板一眼，而且性格文靜、善良又害羞，很容易融入圖書館這個靜謐而富知性的環境之中，帶給來借還書的人一股安心感。

需要獨自處理一份份資料的稅務師也很適合HSP。這個工作對HSP來說還有一個好處，那就是能夠自行決定工作的步調，也很符合HSP謹慎及吹毛求疵的性格。基於相同的理由，程式設計師及校稿人員也相當合適。

上班族往往難以擁有完美的私人空間，而且也很難完全依照自己的步調工作，所以很多人都以為HSP不適合當上班族。但就算是在公司行號裡，能夠擁有私人空間且可自行調整工作步調的單位或部門其實也不少。

例如研究室就是個好例子。食品製造商、化妝品製造商等各種企業大多都擁有自己的研究室，進行商品的開發與研究；或是擁有內部繪圖師的出版社、雇用文案撰稿員的廣告公司也不少。

在這類單位或部門裡，ＨＳＰ的直覺及靈感對工作相當有幫助，是不可或缺的人才。

以上介紹了數種適合ＨＳＰ的職業，但挑選職業時的最大重點還是在於「喜不喜歡」。只要是喜歡的工作，就算有些辛苦還是能持續下去。

有句話說「興趣是最大的天賦」，興趣能帶來熱衷與努力，當然進步的速度也會很快。同樣的道理，喜歡一個工作，就會認真地投入於這個工作中。提升了工作能力，他人對自己的評價也會上升。

第4章
難以承受痛苦時的緊急措施

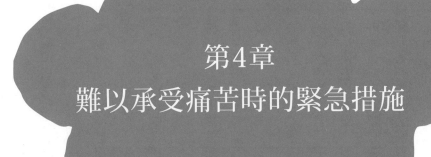

將注意力集中在「身體」及「現在」，能夠消除不安

當不安感太強、神經緊繃，或是極度沮喪時，不僅會覺得非常痛苦，也沒辦法專心工作。遇到這種情況時，如果有一些「緊急措施」可以解決，心情就會安定許多。以下介紹四種可以幫助恢復及保持心靈平靜的「緊急措施」。

想要化解強烈的不安感，基本的做法是將注意力集中在「身體」及「現在」上。注意力的集中狀態有三種模式，分別為內在世界、外在世界，以及感覺和情緒。

把注意力集中在外在世界，會在意他人的言行舉止；把注意力集中在內在世界，則會開始煩惱他人的言行舉止帶有什麼意義。

除此之外，外在世界也代表「未來」，內在世界也代表「過去」。當把注意力投注於外在世界時，可能會對等要開的會議感到不安；把注意力移到內在世界裡，則可能會因一些已經發生的事而悶悶不樂。

要同時斬斷對內在世界及外在世界的注意力，只要把注意力集中在剩下的

「感覺和情緒」上就行了。說得更具體一點，就是把注意力放在「現在的身體」上。

接下來所要介紹的四種緊急措施中，「大腦體操」「三分鐘簡單打坐」「敲打法」這三種技巧可以幫助你把意識集中在「現在的身體」上；「獅子嘔吐法」則可以幫助你排除來自他人的負面情緒。

剛開始的時候，你可以隨意挑選一種你覺得適合自己的技巧嘗試。但最終的目標，還是建議把四種技巧都練熟。當你擁有多達四種消除不安的方法時，你會感到相當安心。

爲了在緊要關頭時能派上用場，你應該在平時就多加練習。每天的練習也能爲你帶來消除壓力、放鬆身心的妙效。

大腦體操

有助於消除不安

幫助你協調自律神經、消除不安及提升能量

「大腦體操」相當簡單，用意在於把注意力集中在「現在的身體」上，這樣不僅能調整自律神經的平衡及消除不安，還能幫助提升身體精力。

每當我在工作中感覺累積了壓力，我就會做這個訓練。只要短短一、兩分鐘，就會覺得神清氣爽。

「大腦體操」是由美國的教育學家保羅．丹尼森所研發，起初是爲了提升孩童的能力及學習效果，如今廣泛地運用在商業界及災害發生地點等各種場合。

在災害剛發生的時候，往往難以取得安眠藥、鎮定劑等藥物，有很多受難者

會陷入強烈不安及神經緊繃的症狀中。因此許多前往救災的醫生會在缺乏藥物的情況下，教導受難者進行「大腦體操」訓練。

「大腦體操」全部有二十六個動作，但如果只是要安撫自己的情緒，只要進行「交叉抬腿」及「勾手運動」這兩個動作就行了。先喝一杯水，按押「大腦按鈕」，接著依序進行「交叉抬腿」及「勾手運動」。

當感覺到強烈的憤怒、不安、寂寞時，或是總覺得提不起幹勁時，都可以做一下這個訓練。

其中的「勾手運動」即使坐著也能做，而且不容易被他人察覺，因此如果是在開會時感到不安，可以偷偷做一下來緩和情緒。

除了可以在緊要關頭當作「緊急措施」之外，也建議每天做五到十分鐘，直到感覺精神舒暢爲止。

有些人在持續了一段日子後，會發現原本處於亢奮狀態的交感神經與副交感神經都恢復到「中庸」的狀態。

要消除壓力，身體的運動訓練是最有效的方法。要消除壓力，身體的運動訓練是最有效的方法。

大腦體操教學

①慢慢喝水

一口一口地慢慢喝水。水是在身體及腦中負責傳遞電能的導體，也是建立神經迴路的關鍵物質。當承受壓力時，人體容易處於缺水狀態，不管有沒有進行這個訓練，只要感覺口渴，就要趕緊補充水分。

②按壓「大腦按鈕」

一手放在肚臍上，另一手以拇指、食指及中指按摩鎖骨下方的凹陷處，這樣能夠開啓大腦的開關。按摩十秒鐘後，左右手交換，進行相同的動作，讓左右腦取得平衡。

③ 交叉抬腿

以右手碰觸左膝蓋，左手碰觸右膝蓋，一邊踏步一邊有節奏地重複這兩個動作。左腦掌管右半邊身體動作，右腦掌管左半邊身體動作，這個讓手腳在身體的中線進行交叉的訓練，可說是同時刺激左右腦的理想動作。

④ 勾手運動1

勾手運動1、2，都是無論站或坐都可以進行的動作，只要把左腳踝放在右腳踝上就行了。

兩手向前伸，以左手在上、右手在下的狀態交叉。手腕維持交叉狀態，雙手手掌交握，由下方往內將手掌翻轉到胸前。

以這個姿勢一邊深呼吸，一邊放鬆全身力氣。吸氣的時候以舌頭抵住上顎，吐氣時放開舌頭。

⑤ 勾手運動2

雙手及雙腳恢復原狀，兩手的指尖在胸前輕觸，深呼吸。體內的電流迴路開始運轉，身心都獲得放鬆。

三分鐘簡單打坐
有助於緩和情緒

當不安與焦慮占據內心時，可靠打坐來緩和情緒

不知道你有沒有聽過「正念認知治療法」？

美國的Google、Facebook等企業，都採用這套治療法來幫助職員減輕壓力及提升注意力，因而讓這套治療法在全球引發熱潮。

「正念認知治療法」是一種打坐技巧，簡單來說就是「觀察自己在當下這個瞬間的內在變化」。

不過，如果要把一整套的「正念認知治療法」全部做完，至少要花十分鐘的時間，並不適合當作一種「緊急措施」。

因此我建議你學習由「正念認知治療法」簡化而成的簡單打坐法，只要三分鐘就能完成。當你感覺不安、焦慮等各種負面情感在心中不斷激盪，令你感到痛苦萬分時，請你試試看這個簡單打坐法。只要三分鐘，不僅能緩和情緒，還具有放鬆身心的效果。

打坐的方式一般來說是盤腿而坐，不過如果想坐在椅子上也沒關係。

這套三分鐘的簡單打坐法共分三個步驟，每個步驟花費一分鐘。

①剛開始的一分鐘

感受內心狀態。不安、憤怒……所有占據內心的情緒都讓它維持原狀，不要加以改變，只要靜靜感受就行了。

②接下來的一分鐘

把注意力集中在呼吸上。一邊感受空氣的滋味一邊吸氣，仔細想像空氣進入鼻腔後通過氣管、進入肺部的情境。接著放慢速度緩緩吐氣。緩而深的呼吸是這個步驟的重點。

③最後的一分鐘

把注意力集中在身體的感覺上。想像自己沿著腳、腹部、肩膀及脖子、頭部的順序掃描身體，掃描到哪個部位，就仔細觀察那個部位的感受。最後一邊吐氣，一邊緩緩張開眼睛。

還不習慣的時候，心中會不斷浮現雜念。這時不要勉強排除雜念，因爲企圖排除雜念的想法本身也是一種雜念。只要在心中默唸「這是雜念」，爲這個想法貼上標籤，接著默唸「退回去」就行了。重複這個過程，出現雜念的次數就會慢慢減少。

三分鐘簡單打坐的姿勢

請選擇讓你感覺最輕鬆的坐姿。不管是盤腿坐、跪坐或坐在椅子上都可以，重點是腰桿要打直。

抬頭挺胸，微微收起下巴，放鬆肩膀力氣。可以

將雙手手掌交疊，放在腹部的位置；也可以雙手掌心朝上，放在左右兩邊的膝蓋上。下腹部稍微用力，能讓姿勢更加安定。保持這個姿勢三分鐘。

①吸氣

閉上眼睛吸氣，想像空氣進入鼻腔、通過氣管、進入肺部的情境。

②吐氣

花多一點時間慢慢吐氣，盡量把體內空氣全部吐出，不要有所殘留。重點是緩而深的呼吸。

獅子嘔吐法

排除負面情緒

把來自他人的負面情緒，吐進想像中的垃圾桶

HSP擁有極強的同理心及同調性，容易受他人情緒影響，因此最好盡量不要接近正在悲傷或沮喪的人。

話雖如此，但生活中難免會遇上一些抱持負面情緒的人。這時如果能夠盡早將對方傳來的負面情緒吐出，就能夠減輕這些負面情緒對自己的影響。

「獅子嘔吐法」在這種時候能夠發揮相當大的效果，建議在與沮喪的人道別之後立刻做一次。不過如果在公眾場所做，可能會引來側目，最好趕緊找一間廁所或其它不會被人看見的場所。

進入隱密空間後，就開始對著想像中的垃圾桶嘔吐。請你把自己想像成一頭正在吼叫的獅子，盡量把嘴張大，用力伸出舌頭，想像自己趴在垃圾桶上，對著垃圾桶盡情嘔吐。

重點在於你必須一邊做出吐的動作，一邊想像把來自他人的負面情緒從口中吐出來。想像得越眞實，效果越顯著。因爲當你一邊想像一邊做出吐的動作時，大腦會信以爲眞。當你做完了這個「獅子嘔吐法」之後，你會感覺整個人身心舒暢，彷彿有害的東西都已排出體外。

當你察覺他人的負面情緒已侵入體內時，請你務必嘗試看看！

敲打法

讓情緒恢復冷靜

敲打穴道能改善生命能量的循環

在我的醫院裡，除了前述的「大腦體操」外，我也常建議病患採行「思維場治療法」（簡稱TFT）。

這套治療法的基本概念，是藉由有節奏地敲打身體穴道，達到改善生命能量循環的效果。這是由美國心理學先驅羅傑·卡拉漢博士在一九七〇年代末期所開發的治療法，如今世界上依然有許多心理治療師採用。

當你感覺受到不安、緊張、沮喪、畏縮等不舒服的情緒干擾時，請你務必嘗試這個方法。不需任何道具，只要以手指敲打（有些部位是按壓）就可以了。隨時隨地都能進行，而且馬上就能感受到效果。

你可以趁休息時間或搭電車時練習。熟記以下這四個步驟，每個步驟都非常簡單，馬上就能學會。

敲打法教學

①兩隻手掌「手刀互擊」

以兩隻手掌的小指方向的側面互相敲打十五次。

②敲打鼻子下方

以食指、中指及無名指敲打鼻子下方十五次。

③按壓鎖骨下方的「壓痛部位」

鎖骨下方有個部位按壓時會覺得有些痛又有些舒服，按壓那個部位十五秒，接著換另一側。

④按壓食指指尖

按壓食指的指甲根部靠近拇指的一側，同樣持續十五秒，接著換另一手的食指。

以上這四種「緊急措施」，不知是否爲你帶來了幫助？

學會了這些技巧，應該能讓你感到安心不少。請每天勤於練習，讓這些技巧成爲生活中的一部分吧！

國家圖書館出版品預行編目資料

高敏感者愛自己的19個練習／長沼睦雄 著；李彥樺 譯.
-- 初版. -- 臺北市：如何，2019.02
208 面；14.8×20.8公分. --（Happy learning；175）
ISBN 978-986-136-527-5（平裝）

1.神經質性格 2.生活指導

173.73　　107023113

Eurasian Publishing Group
圓神出版事業機構
用心與你對話・視野無限寬廣
如何出版社
Solutions Publishing

www.booklife.com.tw　　reader@mail.eurasian.com.tw

Happy Learning 175

高敏感者愛自己的19個練習

作　　者／長沼睦雄
譯　　者／李彥樺
發 行 人／簡志忠
出 版 者／如何出版社有限公司
地　　址／台北市南京東路四段50號6樓之1
電　　話／（02）2579-6600・2579-8800・2570-3939
傳　　真／（02）2579-0338・2577-3220・2570-3636
總 編 輯／陳秋月
主　　編／柳怡如
責任編輯／丁予涵
校　　對／柳怡如・丁予涵
美術編輯／李家宜
行銷企畫／詹怡慧・曾宜婷
印務統籌／劉鳳剛・高榮祥
監　　印／高榮祥
排　　版／陳采淇
經 銷 商／叩應股份有限公司
郵撥帳號／ 18707239
法律顧問／圓神出版事業機構法律顧問　蕭雄淋律師
印　　刷／祥峰印刷廠
2019年2月 初版

OTONA NI NATTEMO BINKAN DE KIZUTSUKIYASUI ANATA HE NO 19 NO SHOHOSEN
BY MUTSUO NAGANUMA

定價 280 元　　ISBN 978-986-136-527-5